Andreas Müller

Découvertes

Das Trainingsbuch

2

Klett Lernen und Wissen

Zu diesem Trainingsbuch gehört eine Audio-CD. Mit ihrer Hilfe lernst du, Französisch besser zu verstehen. Die Texte sind im Buch mit dem Symbol gekennzeichnet. Wenn du die Diktate und Lückendiktate schreibst, benutze die Pausentaste, um Zeit zum Schreiben zu haben. Viel Erfolg!

Sprecher: Frédéric Auvrai, Susanne Heydenreich, Christelle Souvras
Produktion: Bauer Studios GmbH, Ludwigsburg

Bibliographische Information Der Deutschen Bibliothek
Die Deutsche Bibliothek verzeichnet diese Publikation in der Deutschen Nationalbibliographie; detaillierte bibliographische Daten sind im Internet über http://dnb.ddb.de abrufbar.

Auflage 4. 3. 2. 1. | 2009 2008 2007 2006
Die letzten Zahlen bezeichnen jeweils die Auflage und das Jahr des Druckes.
Das Werk und seine Teile sind urheberrechtlich geschützt. Jede Nutzung in anderen als den gesetzlich zugelassenen Fällen bedarf der vorherigen schriftlichen Einwilligung des Verlages. Hinweis zu § 52a UrhG: Weder das Werk noch seine Teile dürfen ohne eine solche Einwilligung eingescannt und in ein Netzwerk eingestellt werden. Dies gilt auch für Intranets von Schulen und sonstigen Bildungseinrichtungen.
Fotomechanische Wiedergabe nur mit Genehmigung des Verlages.
© Klett Lernen und Wissen GmbH, Stuttgart 2006
Alle Rechte vorbehalten.
Internetadresse: www.klett.de
Zeichnungen: François Davot, Troyes; Helga Merkle, Albershausen
Umschlaggestaltung: Christian Dekelver, Weinstadt
Satz: Klaus Bauer, Bondorf
Reproduktion: Meyle + Müller, Medien-Management, Pforzheim
Druck: Gulde-Druck GmbH, Tübingen
Printed in Germany.
ISBN-13: 978-3-12-929799-5
ISBN-10: 3-12-929799-5

INHALT

Lektion 1 — 6

Das Passé composé mit avoir — 6
Die Verben auf -ir (Gruppe dormir) — 9
Unregelmäßige Verben:
  voir, venir — 10
Unregelmäßige Verben: mettre — 11
Gemischte Verben — 11
Nomen: Örtlichkeiten
  in einer Stadt — 12
Verben: Bewegungsverben — 13
Zeitangaben — 14
Hören und verstehen — 15
Hören und nachsprechen — 15
Hören und schreiben — 15
Das Wesentliche verstehen — 16

Lektion 2 — 18

Das Passé composé mit être — 18
Die Veränderlichkeit des
  Participe passé beim
  Passé composé mit être — 19
Die Objektpronomen:
  me, te, nous, vous — 21
Die Objektpronomen:
  Stellung — 22
Die Verben devoir und recevoir — 23
Das Verb courir — 24
Verben der Bewegung:
  mit avoir und mit être — 25
Nomen: Transportmittel — 26
Gefühle — 27
Hören und verstehen — 28
Hören und nachsprechen — 28
Hören und schreiben — 28
Informationen heraussuchen — 29
Das Wesentliche verstehen — 30

Lektion 3 — 32

Die direkten Objektpronomen
  le, la, les — 32
Der Relativsatz mit qui, que, où — 34
Das Verb connaître — 35
Das Fragewort quel — 36
Die Demonstrativbegleiter
  ce/cet, cette, ces — 37
Die Adjektive beau,
  nouveau, vieux — 38
Adjektive — 39
Freizeitaktivitäten — 40
Hören und verstehen — 41
Hören und nachsprechen — 41
Hören und schreiben — 41
Informationen heraussuchen — 42

Plattform 1 (Lektion 1–3) — 44

Begleiter — 44
Verben: Tempussystem — 45
Präsensbildung — 46
Bildung des Passé composé — 46
Räumliche Orientierung — 48
Zeitliche Orientierung — 50
Das Wetter — 51
Briefe schreiben — 52
Diktat: La vie de Valentin — 54
Übersetzung: Un travail
  pour Mme Carbonne — 54
Fotoalbum: Un week-end
  à Toulouse — 54

INHALT

Lektion 4 — 56

Die indirekten Objektpronomen lui und leur	56
Die Verben auf -ir (Gruppe finir)	58
Der unbestimmte Begleiter tout	59
Das Verb rire	60
venir de faire quelque chose (qc) / être en train de faire qc / aller faire qc	60
Die Infinitive mit à, de und ohne Präposition	62
Verben mit indirektem Objekt	63
Schule	64
Ernährung	65
Hören und verstehen	66
Hören und nachsprechen	66
Hören und schreiben	66
Informationen heraussuchen	67
Das Wesentliche verstehen	68

Lektion 5 — 70

Der Teilungsartikel	70
Das Pronomen en	72
Die Verben préférer und répéter	74
Das Verb appeler	75
il faut	76
Die Verneinung: ne … personne	77
Essen und Trinken	78
Mengenangaben	80
Gegensatzpaare	80
Hören und verstehen	81
Hören und nachsprechen	81
Hören und schreiben	81
Informationen heraussuchen	82

Lektion 6 — 84

Die indirekte Rede	84
Die indirekte Frage	85
Der Imperativ mit einem Pronomen	87
Das Verb croire	88
croire – boire – voir	88
Verben der Redeeinleitung	89
Seine Meinung sagen	90
Zeitadverbien	91
Moderne Medien und Kommunikationsmittel	91
Hören und verstehen	92
Hören und nachsprechen	92
Hören und schreiben	92
Informationen heraussuchen	93
Das Wesentliche verstehen	94

Plattform 2 (Lektion 4 – 6) — 96

Artikel	96
Verben	97
Verbanschlüsse	98
Präpositionen	99
Räumliche Orientierung	100
Fähigkeiten (savoir faire qc)	102
Konjunktionen	103
Briefe schreiben	104
Diktat: Le métier de rêve	106
Übersetzung: La fête d'anniversaire	106
Fotoalbum: Trop de sel!	106

Lektion 7 — 108

Die Fragen mit qui est-ce qui usw.	108
Die unverbundenen Personalpronomen	109
Die Hervorhebung mit c'est … qui/que	110
Das Verb conduire	112
Die reflexiven Verben	113
Die reflexiven Verben: Das Passé composé	115
Natur und Landschaft	116
Tiere	117
Das Wetter	118
Hören und verstehen	119
Hören und nachsprechen	119
Hören und schreiben	119
Informationen heraussuchen	120
Das Wesentliche verstehen	122

Lektion 8 — 124

Die Steigerung der Adjektive	124
Die Bildung des Imparfait	128
Der Gebrauch des Imparfait und des Passé composé	130
Verbpaare	131
Personenbeschreibung	132
Das Innenleben einer Person	134
Hören und verstehen	135
Hören und nachsprechen	135
Hören und schreiben	135
Informationen heraussuchen	136
Das Wesentliche verstehen	138

Plattform 3 (Lektion 7–8) — 140

Verben in allen Zeiten	140
Pronomen	143
Fragen stellen	145
Gefühle ausdrücken	146
Nomen: Besonderheiten der Pluralbildung	147
Nomen: Das grammatische Geschlecht	148
Zeitadverbien	149
Diktat: Deux garçons et une fille	150
Übersetzung: Fabien est jaloux	150
Fotoalbum: Zen Zila – Histoire d'une rencontre	151

Lösungen — 153

Quellenverzeichnis — 190

LEKTION 1

Das Passé composé mit *avoir*

Die meisten Verben bilden das Passé composé aus einer Präsensform des Hilfsverbs *avoir* und dem Participe passé („Partizip Perfekt") des Verbs.

j'**ai** raconté	ich habe erzählt
tu **as** raconté	du hast erzählt
il, elle, on **a** raconté	er, sie, man hat erzählt
nous **avons** raconté	wir haben erzählt
vous **avez** raconté	ihr habt erzählt
ils, elles **ont** raconté	sie haben erzählt

1 Ergänze die fehlende Form von *avoir*.

tu	_____	regardé
elle	_____	organisé
vous	_____	discuté
j'	_____	parlé
elles	_____	donné
nous	_____	aidé
il	_____	coupé
ils	_____	mangé

| GRAMMATIK | WORTSCHATZ | HÖRVERSTEHEN | LESEVERSTEHEN | **1** |

2 Setze die folgenden Präsensformen ins Passé composé.

elle pose _____

elles jouent _____

nous téléphonons _____

j'explique _____

il continue _____

vous demandez _____

tu prépares _____

ils travaillent _____

Im Passé composé umschließt die Verneinung das Hilfsverb.

Tu as regardé le film? Hast du den Film gesehen?
Non, je **n'**ai **pas** regardé le film. … habe den Film **nicht** gesehen.

3 Setze die Satzbausteine in die richtige Reihenfolge.

avez / pas / vous / payé / n' _____

elles / n' / ont / joué / pas _____

n' / pas / dessiné / a / elle _____

pas / n' / nous / avons / raconté _____

sonné / je / n' / pas / ai _____

pas / rêvé / tu / n' / as _____

n' / il / a / pas / invité _____

n' / écouté / ils / pas / ont _____

1 GRAMMATIK | WORTSCHATZ | HÖRVERSTEHEN | LESEVERSTEHEN

> Die Verben auf *-er* bilden das Participe passé auf *-é*.
>
> J'ai mang**é**.   Ich habe gegessen.
>
> Die regelmäßigen Verben auf *-dre* bilden das Participe passé auf *-du*.
>
> J'ai atten**du**.   Ich habe gewartet.
>
> Bei den unregelmäßigen Verben musst du die Form des Participe passé auswendig lernen, weil man sie nicht ableiten kann.
>
> J'ai **eu**.   Ich habe gehabt.

4 Welche Passé composé-Form gehört zu welchem Verb? Ziehe eine Verbindungslinie von der Verbform zum zugehörigen Infinitiv.

j'ai su	visiter
j'ai bu	faire
j'ai pris	être
j'ai dit	répondre
j'ai fait	savoir
j'ai été	boire
j'ai visité	prendre
j'ai répondu	dire

| GRAMMATIK | WORTSCHATZ | HÖRVERSTEHEN | LESEVERSTEHEN | **1** |

Die Verben auf *-ir* (Gruppe *dormir*)

Bei Verben auf *-ir* gibt es verschiedene Konjugationstypen. Verben des Typs *dormir* haben im Präsens folgende Endungen:

dormir	schlafen
je dor**s**	ich schlafe
tu dor**s**	du schläfst
il, elle, on dor**t**	er, sie, man schläft
nous dor**mons**	wir schlafen
vous dor**mez**	ihr schlaft
ils, elles dor**ment**	sie schlafen

Nach dem gleichen Schema werden auch die Verben *partir* (weggehen, abfahren) und *sortir* (hinausgehen, ausgehen) konjugiert:
je sor**s** – nous sor**tons**; je par**s** – nous par**tons**

5 Vervollständige die Formen von *partir, dormir, sortir*.

	e	p			n			p			o	
e				d			v			d		
t		s			i		s					

9

GRAMMATIK

Unregelmäßige Verben: *voir, venir*

Bei den Verben *voir* und *venir* gibt es zwei verschiedene Stämme im Plural.

voir	**sehen**
je vois	ich sehe
tu vois	du siehst
il, elle, on voit	er, sie, man sieht
nous voyons	wir sehen
vous voyez	ihr seht
ils, elles voient	sie sehen

venir	**kommen**
je viens	ich komme
tu viens	du kommst
il, elle, on vient	er, sie, man kommt
nous venons	wir kommen
vous venez	ihr kommt
ils, elles viennent	sie kommen

6 Setze aus dem Buchstabensalat jeweils richtige Verbformen zusammen.

osuv eovyz _____

eells einotv _____

tu iosv _____

ej einsv _____

ils eeinnntv _____

nosu ennosv _____

GRAMMATIK   WORTSCHATZ   HÖRVERSTEHEN   LESEVERSTEHEN   1

Unregelmäßige Verben: *mettre*

So wird das Verb *mettre* im Präsens konjugiert.

mettre	legen, setzen, stellen; anziehen
je me**ts**	ich lege
tu me**ts**	du legst
il, elle, on me**t**	er, sie, man legt
nous me**ttons**	wir legen
vous me**ttez**	ihr legt
ils, elles me**ttent**	sie legen

7 Vervollständige die Formen von *mettre*.

v			m				z			u		t	s
	s			t	t			e	l			e	t
	e			s		o						n	s

Gemischte Verben

8 Übe nun die verschiedenen neuen Verbformen auf einmal.

je _____ (mettre)	je _____ (dormir)	je _____ (venir)
il _____ (venir)	elle _____ (mettre)	on _____ (dormir)
nous _____ (partir)	nous _____ (voir)	nous _____ (mettre)
elles _____ (voir)	ils _____ (mettre)	elles _____ (venir)

1 WORTSCHATZ

Nomen: Örtlichkeiten in einer Stadt

9 Emma liebt Paris, und dazu gehören für sie viele verschiedene Örtlichkeiten. Vervollständige die Tabelle.

Französisch	Deutsch
	ein Kino
	ein Bahnhof
un jardin	
un musée	
	ein Park
	ein Platz
	ein Viertel
	eine Straße
	eine kleine Grünanlage
	eine Metrostation
une tour	

10 Vervollständige nun die folgenden Sätze.

Emma aime Paris. Elle va souvent au _____ Trousseau

pour discuter avec ses copains et copines. Le week-end, ils vont

ensemble au _____ regarder des films. Pour des fêtes

d'anniversaire, sa famille mange dans un bon _____

12

dans le _____ où ils habitent. Emma aime aussi les

_____ comme le Louvre. Mais elle n'aime pas la _____

Eiffel: «Là, il y a toujours beaucoup de touristes, trop de touristes.»

Verben: Bewegungsverben

11 Schon im ersten Band von „Découvertes" hast du einige Verben der Bewegung kennen gelernt. Jetzt kommen neue hinzu. Finde die französischen Wörter. Als Hilfe ist der erste Buchstabe vorgegeben.

Französisch	Deutsch
gehen/fahren	a
(an)kommen	a
sich bewegen	b
eintreten/betreten/hereinkommen	e
klettern	g
steigen/einsteigen	m
weggehen/abfahren	p
heimgehen/heimkommen	r
zurückkommen	r
hinausgehen/-fahren, ausgehen	s
abbiegen/drehen	t
überqueren	t
kommen	v

1 GRAMMATIK **WORTSCHATZ** HÖRVERSTEHEN LESEVERSTEHEN

12 Vervollständige nun die folgenden Sätze mit Bewegungsverben im Präsens. Manchmal gibt es mehrere richtige Lösungen. Versuche, jedes Mal ein anderes Verb zu verwenden und ganz ohne *aller* auszukommen.

Le premier jour, Christian _____ au collège avec son père. Ils _____ dans la salle de classe. Puis, M. Beckmann _____ travailler. Après l'école, M. Beckmann _____ au collège. Il _____ la cour et voit Christian avec Emma et Malika. Christian dit: «Au revoir!» aux copines et _____ à la maison.

Zeitangaben

13 Da du jetzt das Passé composé kennen lernst, werden Zeitangaben noch wichtiger. Verschaffe dir einen Überblick über längst bekannte und neue Ausdrücke.

heute
gestern
morgen
jetzt
sofort
danach
morgens
abends

| GRAMMATIK | WORTSCHATZ | **HÖRVERSTEHEN** | LESEVERSTEHEN | **1** |

Hören und verstehen 🎧 1

14 Höre genau hin. Die folgenden Aussagen zu Lektion 1 sind teilweise richtig und teilweise falsch. Kreuze an.

1. ☐ richtig ☐ falsch   5. ☐ richtig ☐ falsch
2. ☐ richtig ☐ falsch   6. ☐ richtig ☐ falsch
3. ☐ richtig ☐ falsch   7. ☐ richtig ☐ falsch
4. ☐ richtig ☐ falsch   8. ☐ richtig ☐ falsch

Hören und nachsprechen 🎧 2

15 Höre dir die folgenden Sätze an und sprich sie nach. Bei den Lösungen kannst du den Text nachlesen.

Hören und schreiben 🎧 3

16 Du hörst den vollständigen Text, aber du hast nur eine unvollständige Mitschrift. Vervollständige sie.

Emma n'est pas _____. Son père ____ _____

à Toulouse parce qu'il _____ _____ chez Airbus.

Emma ne _____ ____ _____. Elle aime Paris parce

qu'on trouve tout _____ ____ _____ et on peut sortir

quand on veut. ____ _____ _____ du beau temps à Toulouse.

Mais qu'est-ce qu'on fait du beau temps _____ ____ __'__ _____

de copains et de copines? Non, _____ ____ _____

Toulouse.

15

Das Wesentliche verstehen

17 Nicht nur Emma besucht gerne den Parc de la Villette mit den Ausstellungen zu naturwissenschaftlich-technischen Themen. Besonders viel Zulauf haben die kostenlosen Veranstaltungen der alljährlich stattfindenden Fête de la Science. Lies den Zeitungsbericht darüber und prüfe die Aussagen 1–6 auf ihre Richtigkeit.

Sciences pour tous à la Villette

Sans intérêt, la géologie? Chez Laurent: si. Derrière une petite table avec des chewing-gums, des yaourts, etc. Laurent commence sa petite démonstration. Il met les uns sur les autres et cela donne des jolies couleurs, des formes intéressantes... La science comme on la rêve: amusante et passionnante. C'est comme cela à la Fête de la science, qui arrive à sa fin à la Cité des sciences et de l'industrie de la Villette (Paris XIXe). Si le succès rencontré l'an dernier se confirme, plus de 30 000 personnes franchiront aujourd'hui gratuitement les portes de la Cité.

Catherine, fleuriste parisienne de 46 ans, est venue avec sa petite Carla, 6 ans, et s'amuse à tester sa capacité pulmonaire en soufflant dans une bouteille d'eau plongée dans une bassine. «Chouette! Ça se voit que je ne fume pas, sourit-elle après un test réussi. Il y a plein de petits ateliers comme ça, où on apprend des choses sérieuses en s'amusant, sans se prendre la tête.»

Pierre, lui, s'est fait un itinéraire à la carte, en choisissant tout ce qui touche au climat. Malgré cinq bonnes heures de visite, cet avocat parisien de 40 ans a encore la force d'écouter – debout – la vie des manchots, que raconte un chercheur du CNRS sur un fond d'images. Il admire les chercheurs. «Dire que des gens passent leur vie à étudier ces bêtes au bout du monde... Il y a vraiment des boulots fabuleux.»

Au deuxième étage de l'immense bâtiment, on est invité à prendre un peu de hauteur en apprenant, carte amovible en main, à décrypter le ciel. Romain, 16 ans, boit les paroles de l'intervenant, et s'imagine déjà au bras d'une fille: «Si je lui raconte le cosmos, c'est gagné», glousse-t-il.

GRAMMATIK   WORTSCHATZ   HÖRVERSTEHEN   LESEVERSTEHEN   1

	richtig	falsch
1. Laurent steht hinter einem kleinen Tisch und macht geologische Vorführungen.	☐	☐
2. Heute werden 50 000 Besucher der Veranstaltung erwartet.	☐	☐
3. Catherine macht einen Test mit einer Wasserflasche.	☐	☐
4. Pierre interessiert sich besonders für das Thema „Klima".	☐	☐
5. Er ist seit zwei Stunden da.	☐	☐
6. Romain will die Mädchen mit seinem Wissen über Autos beeindrucken.	☐	☐

LEKTION 2

Das Passé composé mit *être*

Einige Verben bilden das Passé composé mit dem Hilfsverb *être* und dem Participe passé. Auch hier umschließt die Verneinung das Hilfsverb.

Valentin **est resté** chez son copain?
Non, il **n'est pas resté**,
il **est rentré** à la maison.

Ist Valentin bei seinem Freund geblieben?
… ist nicht geblieben,
… ist nach Hause gegangen.

1 Die folgenden Verben bilden das Passé composé mit *être*. Aber welche Endung hat das Participe passé? Kennzeichne die richtige Endung.

aller	il est all___	é	i	u
arriver	il est arriv___	é	i	u
descendre	il est descend___	é	i	u
entrer	il est entr___	é	i	u
monter	il est mont___	é	i	u
partir	il est part___	é	i	u
rentrer	il est rentr___	é	i	u
rester	il est rest___	é	i	u
revenir	il est reven___	é	i	u
sortir	il est sort___	é	i	u
tomber	il est tomb___	é	i	u
venir	il est ven___	é	i	u

| GRAMMATIK | WORTSCHATZ | HÖRVERSTEHEN | LESEVERSTEHEN | **2** |

Die Veränderlichkeit des Participe passé beim Passé composé mit *être*

Beim Passé composé mit *être* richtet sich das Participe passé in Genus und Numerus nach dem Subjekt des Satzes (Wer?).

M. Carbonne est parti à Toulouse.
Mme Carbonne est parti**e** en ville.
Les enfants sont parti**s** au collège.
Et **des lettres sont** parti**es** aux copains.

2   Ergänze in den folgenden Sätzen die Endungen des Participe passé.

Adrien et son père sont venu___ de Genève.

Une cousine est arrivé___ de la campagne.

Les copains sont allé___ jouer au foot.

Les copines sont sorti___ au cinéma.

Malika: Moi, je suis parti___ à sept heures. Et toi, Emma, tu es resté___ à la maison?

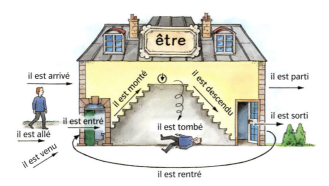

 Wenn die Pronomen *je, tu, nous* oder *vous* Subjekt des Satzes sind, achte darauf, welche Personen durch die Pronomen ersetzt werden.
Valentin, Franck: Nous sommes resté**s** 3 heures devant l'ordinateur.
Emma, Céline: Nous sommes resté**es** 3 heures dans une boutique.

GRAMMATIK   WORTSCHATZ   HÖRVERSTEHEN   LESEVERSTEHEN

3 Setze die folgenden Sätze ins Passé composé.

Aujourd'hui, Malika va au Louvre.
_____

A dix heures, elle monte dans le métro.
_____

Dix minutes après, elle arrive à la station Louvre.
_____

Elle descend.
_____

Puis, ses copains et elle entrent au musée.
_____

Ils restent deux heures au musée.
_____

A une heure, ils sortent.
_____

Ils rentrent à la maison.
_____

Mais Malika revient le lendemain.
_____

| GRAMMATIK | WORTSCHATZ | HÖRVERSTEHEN | LESEVERSTEHEN | **2** |

Die Objektpronomen: *me, te, nous, vous*

Die direkten und die indirekten Objektpronomen der 1. und 2. Person heißen im Singular *me* und *te* und im Plural *nous* und *vous*. Vor einem Verb, das mit einem Vokal beginnt, werden *me* und *te* zu *m'* und *t'* verkürzt.

Direkte Objektpronomen

Il **m'** entend.	Er hört **mich**.
Il **t'** entend.	Er hört **dich**.
Il **nous** entend.	Er hört **uns**.
Il **vous** entend.	Er hört **euch/Sie**.

Indirekte Objektpronomen

Il **me** donne un cadeau.	Er gibt **mir** …
Il **te** donne un cadeau.	Er gibt **dir** …
Il **nous** donne un cadeau.	Er gibt **uns** …
Il **vous** donne un cadeau.	Er gibt **euch/Ihnen** …

4 Welche der folgenden Pronomen sind Objektpronomen, welche kennst du schon lange als Subjektpronomen? Einige sind beides. Kreuze an.

	Objektpronomen (OP)	Subjektpronomen (SP)
me		
je		
nous		
tu		
vous		
te		

2 GRAMMATIK   WORTSCHATZ   HÖRVERSTEHEN   LESEVERSTEHEN

Die Objektpronomen: Stellung

Im Gegensatz zum Deutschen stehen die Objektpronomen im Französischen vor dem Verb, zu dem sie gehören.
Die Verneinung umschließt das Objektpronomen und das konjugierte Verb.

Tu **me** comprends?	Verstehst du mich?
Non, je ne **te** comprends pas.	Nein, ich verstehe dich nicht.

Bei den Verben mit Infinitivanschluss *(aimer, vouloir, pouvoir, savoir, aller + faire quelque chose)* stehen die Objektpronomen vor dem Infinitiv.
Die Verneinung umschließt in diesem Fall nur das konjugierte Verb.

Tu peux **me** comprendre?	Kannst du mich verstehen?
Non, je ne peux pas **te** comprendre.	Nein, ich kann dich nicht verstehen.

5 Füge die passende Form des Objektpronomens an der richtigen Stelle ein.

Tu _____ ne _____ écoutes _____ pas?   me/m'

Si, je _____ écoute _____ .   te/t'

Vous _____ donnez _____ votre adresse?   me/m'

Oui, je _____ vais _____ donner _____ _____   vous
l'adresse tout de suite.

Tu _____ vas _____ écrire _____ ?   nous

Bien sûr. Je _____ vais _____ écrire   vous

_____ souvent.

2

GRAMMATIK WORTSCHATZ HÖRVERSTEHEN LESEVERSTEHEN

Die Verben *devoir* und *recevoir*

devoir	müssen
je **dois**	ich muss
tu **dois**	du musst
il/elle/on **doit**	er/sie/man muss
nous **devons**	wir müssen
vous **devez**	ihr müsst
ils/elles **doivent**	sie müssen

Passé composé: j'ai dû

recevoir	empfangen
je **reçois**	ich empfange
tu **reçois**	du empfängst
il/elle/on **reçoit**	er/sie/man empfängt
nous **recevons**	wir empfangen
vous **recevez**	ihr empfangt
ils/elles **reçoivent**	sie empfangen

Passe composé: j'ai reçu

6 Vervollständige die Präsensformen von *devoir* und *recevoir*.

23

2 GRAMMATIK WORTSCHATZ HÖRVERSTEHEN LESEVERSTEHEN

Das Verb *courir*

courir	laufen
je cours	ich laufe
tu cours	du läufst
il/elle/on court	er/sie/man läuft
nous courons	wir laufen
vous courez	ihr lauft
ils/elles courent	sie laufen

Beachte: Das Verb *courir* bildet das Passé composé mit *avoir*: **j'ai couru**

7 Vervollständige die Übersicht.

Présent	Passé composé
tu cours	
	nous avons couru
	elle a couru
vous courez	
ils courent	
je cours	

| GRAMMATIK | WORTSCHATZ | HÖRVERSTEHEN | LESEVERSTEHEN | **2** |

Verben der Bewegung: mit *avoir* und mit *être*

8 Die meisten Verben der Bewegung bilden das Passé composé mit *être*. Aber bei manchen wird auch das Hilfsverb *avoir* verwendet. Trage die fehlenden Formen des Passé composé in die Tabelle ein.

Verb	être	avoir
arriver	je	
entrer	tu	
partir	elle	
sortir	nous	
courir		vous
danser		ils
marcher		je/j'
descendre (du métro)	tu	
monter (dans le métro)	il	
descendre l'escalier		nous l'escalier
monter l'escalier		vous l'escalier

25

2 GRAMMATIK **WORTSCHATZ** HÖRVERSTEHEN LESEVERSTEHEN

Nomen: Transportmittel

9 Die Familie Carbonne zieht nach Toulouse um. Dadurch ist besonders viel von Transportmitteln die Rede. Wie heißen sie auf Französisch? Vervollständige die Übersicht.

Französisch	Deutsch
avion (m.)	
	Boot/Schiff
	Bus
métro (m.)	
	Taxi
	TGV
	Zug
vélo (m.)	
	Auto

10 Im Satz treten die Transportmittel oft in Verbindung mit *aller en* oder *prendre* auf. Ergänze die folgenden Aussagen. Wann passt eine Form von *aller en*, wann eine Form von *prendre*?

A Paris, les gens _____ au travail en m_____. Le dimanche,

ils _____ le v_____ pour bouger un peu. Adrien,

qui aime la Seine, _____ en b_____ jusqu'à la tour Eiffel.

Emma _____ à Toulouse en t_____. Et son père, qui travaille

pour Airbus, doit _____ l'a_____ pour Hambourg

demain.

| GRAMMATIK | **WORTSCHATZ** | HÖRVERSTEHEN | LESEVERSTEHEN | **2** |

Gefühle

11 Ein Ortswechsel, wie ihn Emma erlebt, kann einen gefühlsmäßig ganz schön durcheinander bringen. Wie drückt man diese Gefühle auf Französisch aus? Schreibe die deutschen Ausdrücke neben die französischen Vokabeln.

Angst haben – lieben – Lust haben – neuen Mut schöpfen – schmollen – sehr gerne mögen – träumen – traurig sein – wünschen – wütend sein – zufrieden sein

avoir envie	_____	adorer	_____
avoir peur	_____	aimer	_____
être en colère	_____	désirer	_____
être content	_____	rêver	_____
être triste	_____	retrouver le moral	_____
faire la tête	_____		

12 Übersetze.

Emma ist traurig, weil sie Paris verlassen muss.

_____

Sie liebt Paris und ihr Stadtviertel.

_____

Sie hat Angst, ihre Freunde zu verlieren.

_____

Sie träumt (davon), Freunde in Toulouse zu finden.

_____

2

GRAMMATIK　　WORTSCHATZ　　**HÖRVERSTEHEN**　　LESEVERSTEHEN

Hören und verstehen 🎧 4

13　Höre genau hin. Die folgenden Aussagen zu Lektion 2 sind teilweise richtig und teilweise falsch. Kreuze an.

1. ☐ richtig ☐ falsch　　5. ☐ richtig ☐ falsch
2. ☐ richtig ☐ falsch　　6. ☐ richtig ☐ falsch
3. ☐ richtig ☐ falsch　　7. ☐ richtig ☐ falsch
4. ☐ richtig ☐ falsch　　8. ☐ richtig ☐ falsch

Hören und nachsprechen 🎧 5

14　Höre dir die folgenden Sätze an und sprich sie nach. Bei den Lösungen kannst du den Text nachlesen.

Hören und schreiben 🎧 6

15　Du hörst den vollständigen Text, aber du hast nur eine unvollständige Mitschrift. Vervollständige sie.

Emma _____ _____. Au collège, elle n'a pas __'_____.

Les élèves parlent _____ ____ _____, et elle ne

_____ rien. Puis, un jour, _____ _____ le CD

de Victor. Une fille ____ ____ _____ demande: «Qu'est-ce que

tu _____?» Alors, les deux filles _____ à

discuter. Le week-end, elles font _____ _____ _____.

Cécile montre ____ _____ _____ à Emma, et Emma trouve que

Toulouse, ____ __'_____ _____ comme Paris, mais c'est _____.

Informationen heraussuchen

16 Die folgenden Informationen findet man auf der Webseite der Stadt Toulouse.

Toulouse en chiffres

Toulouse: Capitale de la plus grande région française, Midi-Pyrénées (45 000 km²) qui regroupe les départements de l'Ariège, l'Aveyron, le Gers, la Haute-Garonne, le Lot, les Hautes-Pyrénées, le Tarn et le Tarn et Garonne.

4ème ville de France après Paris, Marseille, Lyon

398 500 habitants à Toulouse (données Insee recensement 1999)

761 100 habitants pour l'agglomération

n°1 en Europe des activités aéronautiques

140 000 étudiants: 2ème ville universitaire de France

104 écoles maternelles

90 écoles primaires

24 collèges

12 lycées

13 lycées d'enseignement professionnel

Toulouse est à 150 km de la mer Méditerranée

250 km de l'océan Atlantique

110 km des stations de ski pyrénéennes

2 GRAMMATIK WORTSCHATZ HÖRVERSTEHEN **LESEVERSTEHEN**

Entnimm der Webseite die folgenden Informationen.

Name der Region: _____

Einwohnerzahl der
Stadt Toulouse: _____

Einwohnerzahl des Großraums: _____

Größere Städte in Frankreich
(Namen): _____

Zahl der Studenten: _____

Anzahl der *collèges*: _____

Entfernung vom Mittelmeer: _____

Entfernung der Stadt
vom Atlantik: _____

Entfernung von Skigebieten
in den Pyrenäen: _____

Das Wesentliche verstehen

17 Emmas neue Schule in Blagnac bei Toulouse trägt den Namen des Flugpioniers Henri Guillaumet. Auf der Webseite der Schule wird darüber berichtet, wie Guillaumet einmal eine Notlandung in einer einsamen Gegend überlebte. Lies den Bericht und prüfe die Aussagen 1–7 auf ihre Richtigkeit.

GRAMMATIK   WORTSCHATZ   HÖRVERSTEHEN   LESEVERSTEHEN

Ce vendredi 13 juin 1930, le Potez 25 volait dans une tempête de neige. Les remous se multiplient, les secousses s'accentuent. Tout à coup, pris dans des courants descendants, l'avion chute de 3 000 mètres en quelques minutes! Le pilote de l'Aéropostale qui, un an plus tôt, avait inauguré avec Mermoz la ligne Buenos Aires – Santiago, parvient à atterrir en catastrophe dans la «Laguna Diamante», un immense cirque entouré de pics vertigineux. Grâce à son habileté il s'en sort indemne mais l'avion est trop endommagé pour tenter une réparation. A 3500 mètres dans la Cordillère des Andes en plein hiver austral, on ne résiste pas longtemps au froid. Alors il marchera pour échapper au piège glacé de la montagne. Soudain dans le ciel il repère l'avion de Saint-Exupéry parti à sa recherche. Malgré les signes et les cris «Saint Ex» ne le verra pas. Il continuera donc, seul dans l'immensité, buvant l'eau glacée des torrents, se nourrissant de plantes ou de racines … Cinq jours et cinq nuits passeront, jusqu'au soir où le destin le conduit au fond d'une vallée. Là, une paysanne argentine voit surgir un fantôme en lambeaux, chancelant et hagard, les pieds en sang qui dit faiblement «aviador! aviador!» et s'évanouit.

	richtig	falsch
1. Die Notlandung ereignet sich am 13. November 1930.	☐	☐
2. Guillaumet ist Pilot der Gesellschaft Air France.	☐	☐
3. Er landet in einem Gebiet, das „Laguna Diamante" heißt.	☐	☐
4. Er befindet sich mitten in den Alpen in einer Höhe von 2 500 Metern.	☐	☐
5. Guillaumet sieht das Flugzeug seines Kollegen Saint-Exupéry, aber dieser sieht ihn nicht.	☐	☐
6. Nach fünf Tagen und Nächten stößt er auf den ersten Menschen.	☐	☐
7. Es ist eine chilenische Fischerin, der er sich als „pilote" zu erkennen gibt.	☐	☐

LEKTION 3

Die direkten Objektpronomen *le*, *la*, *les*

Die direkten Objektpronomen der 3. Person Singular und Plural lauten *le*, *la*, *les*; *le* vertritt ein maskulines Nomen im Singular; *la* vertritt ein feminines Nomen im Singular; *les* vertritt ein Nomen im Plural, ganz gleich, ob es maskulin oder feminin ist. Vor Vokal werden *le* und *la* zu *l'* verkürzt.
Die direkten Objektpronomen stehen vor dem Verb, zu dem sie gehören. Die Verneinung umschließt das Objektpronomen und das konjugierte Verb.
Bei Verben mit Infinitivanschluss stehen die Objektpronomen vor dem Infinitiv. Die Verneinung umschließt nur das konjugierte Verb.
Die direkten Objektpronomen können auch vor *voilà* stehen.

Emma prend **le train** pour Toulouse samedi.	… nimmt den Zug …
Elle **le** prend à 10 heures.	… nimmt **ihn** um 10 Uhr.
Vendredi, il y a **la fête** d'au revoir.	… die Abschiedsfeier …
Emma est triste quand elle **la** quitte.	… als sie **sie** verlässt.
Les copains ont pris **des photos**.	… haben Fotos gemacht.
Le lendemain, ils **les** ont déjà?	… haben sie **sie** schon?
Non, ils ne **les** ont pas encore.	… sie haben **sie** noch nicht.
Les copains vont **les** donner à Emma à la gare?	Werden die Freunde **sie** Emma auf dem Bahnhof geben?
Non, ils ne vont pas **les** donner à Emma maintenant.	Nein, sie werden **sie** Emma jetzt nicht geben.
Ils veulent **les** envoyer à Toulouse.	Sie wollen **sie** nach Toulouse schicken.
Les voilà.	Da sind **sie**!

 Die Objektpronomen der dritten Person haben dieselbe Form wie der bestimmte Artikel.

GRAMMATIK WORTSCHATZ HÖRVERSTEHEN LESEVERSTEHEN **3**

1 Markiere das Objektpronomen, das in die Lücke gehört.

Valentin aime son ordinateur. Il _____ aime beaucoup.   le la l' les

Emma monte l'escalier. Elle _____ monte vite.   le la l' les

Manon ne regarde pas la télé? Elle ne _____ regarde

pas aujourd'hui.   le la l' les

Mme Carbonne va trouver un travail à Toulouse.

Elle va _____ trouver à la SEMVAT.   le la l' les

Emma peut retrouver ses copains à Paris?

Oui, elle peut _____ retrouver en juillet.   le la l' les

2 Beantworte die Frage vollständig und ersetze dabei den blau hervorgehobenen Ausdruck durch das passende Objektpronomen.

M. Carbonne donne le paquet à Emma?

Oui, il _____.

Emma écoute le CD de Victor dans le bus?

Non, elle _____.

D'abord, Emma aime la ville rose?

Non, d'abord, elle _____.

Cécile veut montrer la ville à Emma?

Oui, elle _____.

Emma peut expliquer les devoirs à Cécile?

Non, elle _____.

M. Carbonne prépare les vélos?

Oui, il _____.

33

Der Relativsatz mit *qui, que, où*

Das Relativpronomen *qui* ist Subjekt des Relativsatzes (Frage „Wer oder was?"). Es kann Personen und Sachen vertreten.
Das Relativpronomen *que* ist direktes Objekt des Relativsatzes (Frage „Wen oder was?"). Es kann Personen und Sachen vertreten. Vor Vokal oder stummem *h* wird *que* zu *qu'* (*qu'*il / *qu'*elle).
Das Relativpronomen *où* bezieht sich auf Ortsbestimmungen.

Cécile est **une fille qui** habite à Toulouse.
Emma écoute **un CD qui** est arrivé de Paris.
Cécile veut regarder **le CD que** sa copine écoute.
Fabien est **un garçon que** les filles trouvent sympathique.
Mais le rugby est **un sport qu'**Emma n'aime pas trop.
Les Carbonne ont déménagé à Toulouse **où** M. Carbonne travaille.

Mit der Kommasetzung hast du es im Französischen einfacher als im Deutschen: Vor *qui, que* oder *où* steht kein Komma!

3 Kennzeichne das Relativpronomen, das in die Lücke gehört.

Tu aimes la musique _____ ta copine écoute?   qui   que   qu'   où

Tu aimes les garçons _____ jouent toujours
à l'ordinateur?   qui   que   qu'   où

Tu n'aimes pas le gymnase _____ ta copine
fait de l'escalade?   qui   que   qu'   où

Tu aimes les films _____ viennent de France?   qui   que   qu'   où

Tu n'aimes pas le garçon _____ j'ai invité?   qui   que   qu'   où

Tu aimes les repas _____ on vous donne
à la cantine.   qui   que   qu'   où

| GRAMMATIK | WORTSCHATZ | HÖRVERSTEHEN | LESEVERSTEHEN |

4 Übersetze (Das ist/sind = *Voilà*).

Das ist das Haus, wo Emma wohnt.

_____

Das ist das Lied, das Victor singt.

_____

Das sind die Fotos, die ich Emma schicke.

_____

Das sind die Freunde, die Emma in Paris hat.

_____

Das ist der Brief, den Malika schreibt.

_____

Das ist Cécile, die ihrer Freundin Emma die Stadt zeigt.

_____

Das Verb *connaître*

connaître	kennen
je connais	ich kenne
tu connais	du kennst
il/elle/on connaît	er/sie/man kennt
nous conna**ss**ons	wir kennen
vous conna**ss**ez	ihr kennt
ils/elles conna**ss**ent	sie kennen

Passé composé: j'ai connu

3 GRAMMATIK   WORTSCHATZ   HÖRVERSTEHEN   LESEVERSTEHEN

5 Vervollständige die Formen von *connaître*.

v			c						z			
	u			a	i		j	'	a			u
		l	e	s		n	n					

Das Fragewort *quel*

Quel richtet sich in Genus und Numerus nach dem Nomen, auf das es sich bezieht.

Quel livre est-ce que tu lis? Welches Buch liest du?
Quels livres est-ce que tu lis? Welche Bücher liest du?
Quelle chanson est-ce que tu écoutes? Welches Lied hörst du?
Quelles chansons est-ce que tu écoutes? Welche Lieder hörst du?

6 Vervollständige die Fragen.

Tu habites dans _____ ville?

Tu parles _____ langues?

Tu aimes _____ acteurs?

Tu écoutes _____ musique?

Tu as _____ portable?

Tu lis _____ journal?

| GRAMMATIK | WORTSCHATZ | HÖRVERSTEHEN | LESEVERSTEHEN |

3

Die Demonstrativbegleiter *ce/cet, cette, ces*

Die Demonstrativbegleiter richten sich in Genus und Numerus nach dem Nomen, das sie begleiten.
Das Maskulinum heißt im Singular *ce* bzw. *cet* vor Vokal und stummem *h*.
Das Femininum lautet im Singular *cette*. Im Plural gibt es nur die eine Form *ces*.

Il est sympa, **ce** garçon.	**Dieser** Junge ist sympathisch.
Il est sympa, **cet** acteur.	**Dieser** Schauspieler ist sympathisch.
Elle est sympa, **cette** fille.	**Dieses** Mädchen ist sympathisch.
Elles sont sympas, **ces** filles.	**Diese** Mädchen sind sympathisch.
Ils sont sympas, **ces** garçons.	**Diese** Jungen sind sympathisch.

 Achte beim Sprechen auf die Bindung:
cet‿appareil photo, cette‿affiche, ces‿arbres

7 Vervollständige die Sätze.

Je les trouve jolies, _____ voitures.

Je le trouve petit, _____ appartement.

Je la trouve trop grande, _____ ville.

Je les trouve faciles, _____ devoirs.

Je la trouve super, _____ affiche.

Je les trouve sympas, _____ Allemands.

8 Vervollständige die Übersicht zu *quel* und *ce*.

quel		quelle		quelles
	cet		ces	
garçon	ami	fille	garçons	filles

37

3

GRAMMATIK **WORTSCHATZ** **HÖRVERSTEHEN** **LESEVERSTEHEN**

Die Adjektive *beau, nouveau, vieux*

Die Adjektive *beau, nouveau, vieux* haben im Singular vor maskulinen Nomen zwei Formen:
beau, nouveau, vieux vor Konsonant,
bel, nouvel, vieil vor Vokal oder stummem *h*.
Vor femininen Nomen im Singular steht immer *belle, nouvelle, vieille*.
Im Plural gibt es nur eine Form vor maskulinen und eine Form vor femininen Nomen. Bei den Pluralformen werden *-x* und *-s* vor Vokal und stummem *h* als [z] gebunden.

Emma prend le **beau/nouveau/vieux** vélo.
Les Carbonne visitent un **bel/nouvel/vieil** appartement.
Ils regardent aussi une **belle/nouvelle/vieille** maison.

… schöne(s)/neue(s)/alte(s) Fahrrad/Wohnung/Haus.

Emma et Manon prennent les **beaux/nouveaux/vieux** vélos.
Les Carbonne visitent des **beaux/nouveaux/vieux** appartements.
Ils regardent aussi des **belles/nouvelles/vieilles** maisons.

… schöne/neue/alte Fahrräder/Wohnungen/Häuser.

9 Setze die passenden Formen von *beau, nouveau, vieux* in den Text ein.

Victor est un v_____ ami. Mais Fabien et Nicolas sont des b_____ garçons. Et je commence une n_____ vie ici à Toulouse. Hier au stade, ils ont fait un b_____ match. Pour sortir ce soir, je vais mettre mon n_____ pantalon. Quels n_____ films est-ce qu'on peut voir ici? Dans notre v_____ quartier à Paris, il y a beaucoup de cinémas. Mais à Toulouse …?

| GRAMMATIK | **WORTSCHATZ** | HÖRVERSTEHEN | LESEVERSTEHEN | **3** |

Adjektive

10 *Beau, nouveau* und *vieux* sind nicht die einzigen neuen Adjektive, die in dieser Lektion vorkommen. Ergänze die Übersicht.

Französisch	Deutsch
amoureux/amoureuse	
	cool
gratuit/gratuite	
	wichtig
jeune	
	süß/niedlich
pauvre	
	praktisch
sûr/sûre	

11 Setze die passenden Adjektive in der richtigen Form in die Sätze ein. Ein Buchstabe und die Anzahl der Buchstaben sind als Hilfe bereits vorgegeben.

Fabien trouve Emma ☐ i ☐☐☐☐☐☐ .

Il est peut-être ☐ m ☐☐☐☐☐ d'elle.

Mais le rugby est très ☐☐☐☐☐☐☐ t ☐ pour Fabien.

Ce soir, il a une place ☐☐☐ u ☐☐☐ au stade.

Emma veut aller au cinéma. Ce n'est pas ☐ a ☐☐☐☐ .

Fabien part au stade. ☐☐ v ☐☐ Emma!

39

3 GRAMMATIK **WORTSCHATZ** HÖRVERSTEHEN LESEVERSTEHEN

Freizeitaktivitäten

12 Du kennst inzwischen schon viele französische Ausdrücke für Freizeitaktivitäten. Vervollständige die Sätze mit den aufgeführten Bausteinen. Wähle aus jedem Feld einen Baustein aus.

au foot	à Odyssud
au restaurant	au bord de la Garonne
des CD	avec des copines
les magasins	avec des voisins
un tour en vélo	dans le stade

Emma et Cécile font _____

_____

Valentin joue _____

_____

Fabien écoute _____

_____

Mes parents vont _____

_____

Nous allons faire _____

_____

| GRAMMATIK | WORTSCHATZ | **HÖRVERSTEHEN** | LESEVERSTEHEN | **3** |

Hören und verstehen 🎧 7

13 Höre genau hin. Die folgenden Aussagen zu Lektion 3 sind teilweise richtig und teilweise falsch. Kreuze an.

1. ☐ richtig ☐ falsch 5. ☐ richtig ☐ falsch
2. ☐ richtig ☐ falsch 6. ☐ richtig ☐ falsch
3. ☐ richtig ☐ falsch 7. ☐ richtig ☐ falsch
4. ☐ richtig ☐ falsch 8. ☐ richtig ☐ falsch

Hören und nachsprechen 🎧 8

14 Höre dir die folgenden Sätze an und sprich sie nach. Bei den Lösungen kannst du den Text nachlesen.

Hören und schreiben 🎧 9

15 Du hörst den vollständigen Text, aber du hast nur eine unvollständige Mitschrift. Vervollständige sie.

Emma: «Qu'est-ce que _____ _____ _____ Internet?»

Fabien: «Je regarde _____ _____ _____ _____.»

Emma: «Alors, il y a _____ _____ _____?» Fabien: «Oui, je pense.

Il y a _____ _____ _____ avec Audrey Tautou.»

Emma: «J'aime bien Audrey Tautou. _____ _____ _____.

Mais _____ '_____ _____ encore _____ son nouveau film.»

Fabien: «_____ _____ _____ d'aller voir le film _____ _____?»

Emma: «Peut-être, mais quand? Pour le soir, _____'_____ _____. Tu sais:

mes parents!» Fabien: «Mais samedi _____ _____, ça va, non?»

Emma: «D'accord.» Fabien: «Alors, _____ _____ _____, 15 _____,

devant le Rex?» Emma: «A demain!»

3 GRAMMATIK WORTSCHATZ HÖRVERSTEHEN **LESEVERSTEHEN**

Informationen heraussuchen

16 Die Internetseite von Toulouse enthält viele Zahlen zum Sport in der Stadt.

Toulouse, ville sportive

Du nouveau-né aux personnes du 3ème âge, le public concerné par le sport à Toulouse est large. Ainsi, l'an passé, près de 3.500.000 usagers ont bénéficié des prestations offertes par la ville de Toulouse.

Toulouse met à votre disposition son patrimoine sportif, soit 368 installations réparties sur 70 sites.

Toulouse est aussi une ville prodigue en grandes manifestations sportives. Près de 120 manifestations ont lieu chaque année, pour le plus grand bonheur de milliers de spectateurs. Nous pourrions ainsi citer: le tournoi international de handball, le grand prix de tennis de la ville de Toulouse, le marathon de Toulouse, le championnat de France de rugby à XIII.

Sur les installations de la ville de Toulouse, outre les grands événements sportifs, se déroulent de très nombreuses rencontres entre clubs. Organisés par les diverses fédérations, chaque week-end plus de 100 matchs se disputent sur les différents terrains de jeu de la ville. En plus des écoles, des collèges et des lycées, ce sont plus de 500 clubs, représentant près de 85.000 licenciés, affiliés à toutes les fédérations sportives, scolaires et universitaires qui utilisent les installations municipales pour leur entraînement, pour les rencontres interclubs ou lors des grandes manifestations.

GRAMMATIK   WORTSCHATZ   HÖRVERSTEHEN   LESEVERSTEHEN   3

Entnimm der Webseite folgende Informationen:

Jährliche Nutzerzahl von Sportangeboten: _____

Anzahl der Sportbegegnungen pro Wochenende: _____

Anzahl der Sportvereine: _____

Zahl der aktiven Sportler: _____

Anzahl der Sportanlagen: _____

Anzahl von Standorten: _____

Jährliche Anzahl sportlicher Großveranstaltungen: _____

Vier Sportarten bei Großveranstaltungen: _____

_____

_____

_____

Plattform 1 (Lektion 1–3)

Begleiter

1 Inzwischen kennst du viele Wörter, die vor Nomen stehen, vor allem Artikel, Demonstrativbegleiter und Possessivbegleiter. Regelmäßigkeiten fallen dir am ehesten auf, wenn du dir die Wörter einmal im Überblick anschaust.

Singular maskulinum	Singular femininum	Plural
Artikel		
un	une	des
le/l'	la/l'	les
Demonstrativpronomen		
ce/cet	cette	ces
Possessivbegleiter		
mon	ma (mon)	mes
ton	ta (ton)	tes
son	sa (son)	ses
notre	notre	nos
votre	votre	vos
leur	leur	leurs

Übe den Gebrauch von Demonstrativbegleitern und Possessivbegleitern, indem du die folgenden Ausdrücke ergänzt.

C_____ frites sont à toi? Ce sont _____ frites?

C_____ sandwich est à lui? C'est _____ sandwich?

C_____ gâteaux sont à moi? Ce sont _____ gâteaux?

C_____ croquettes sont aux chats? Ce sont _____ croquettes?

C_____ poisson est à nous? C'est _____ poisson?

C_____ animal est à vous? C'est _____ animal?

RÜCKBLICK **Plattform 1**

Verben: Tempussystem

Du kennst jetzt drei verschiedene grammatische Zeiten: das Präsens, das Passé composé und das Futur composé. Hier zur Erinnerung die Formen, am Beispiel des Verbs *marcher* (gehen):

Präsens	Passé composé	Futur composé
je marche	j'ai marché	je vais marcher
tu marches	tu as marché	tu vas marcher
il/elle/on marche	il/elle/on a marché	il/elle/on va marcher
nous marchons	nous avons marché	nous allons marcher
vous marchez	vous avez marché	vous allez marcher
ils/elles marchent	ils/elles ont marché	ils/elles vont marcher

2 Du kannst also jetzt auf Französisch problemlos Aussagen über die Vergangenheit, die Gegenwart und die Zukunft machen. Setze die vorgegebenen Satzbausteine so zusammen, dass sinnvolle und sprachlich korrekte Sätze entstehen.

j' / nous / on / ai / fêtons / voir / va / travaillé /
dans le jardin / l'anniversaire de mon frère /
le nouveau film d'Audrey Tautou

Hier, _____

_____

Aujourd'hui, _____

_____

Demain, _____

45

Plattform 1　RÜCKBLICK

Präsensbildung

3 Hier übst du die Besonderheiten beim Bilden der Verbformen im Präsens. Ergänze die folgende Übersicht.

j'envoie	nous
je	nous connaissons
je cours	nous
je	nous devons
je dors	nous
je	nous mettons
je pars	nous
je	nous venons
je vis	nous
je	nous voyons

Bildung des Passé composé

4 Auch die Bildung des Passé composé hat es in sich, unter anderem weil das Partizip Perfekt verschiedene Endungen haben kann. Wähle aus folgenden Endungen die jeweils richtige aus.

é – i – is – it – u

j' ai cour____　　elle a pl____　　ils ont v____

tu as envoy____　　nous avons m____　　elles ont d____

il a dorm____　　vous avez pr____

RÜCKBLICK Plattform 1

5 Beim Passé composé musst du wissen, welches Hilfsverb zum Verb gehört. Mal ist *avoir*, mal ist *être* richtig. Trage die folgenden Verben in die richtige Spalte ein.

avoir – courir – danser – être – rester – savoir – sortir – tomber – venir – vivre

Passé composé mit *avoir*	Passé composé mit *être*

6 Setze nun die angegebenen Präsensformen ins Passé composé. Beachte, dass bei der Bildung mit *être* das Partizip Perfekt zum Subjekt passen muss.

j'ai _____

tu cours _____

il vient _____

elle reste _____

on est _____

nous sortons _____

vous savez _____

elles tombent _____

47

Plattform 1 RÜCKBLICK

Räumliche Orientierung

7 Dank der vielen Geschichten im Buch, bei denen es ums Umziehen und Zurechtfinden am neuen Ort geht, kannst du räumliche Verhältnisse gut ausdrücken. Vervollständige die Übersicht.

Französisch	Deutsch
ici	
	da(hin)/dort(hin)
en bas	
	oben/nach oben
à droite	
	(nach) links
devant	
	hinter
sur	
	unter
près de quelque chose (qc)	
	weit
au bord de quelque chose (qc)	
	daneben/nebenan
partout	
	zwischen

RÜCKBLICK   Plattform 1

8 Verwende die Wörter aus Übung 7 und beschreibe damit, wo sich verschiedene Gegenstände, Orte und Personen auf den folgenden Bildern befinden.

Le parapluie vert est dans un carton

à _____ de Valentin.

_____ M. Carbonne,

il y a une étagère.

_____ l'étagère, on voit deux bouteilles.

Les arrêts de bus Wagner, Décamps et Capoul sont au _____ de la Garonne.

Le collège Guillaumet est _____ de l'arrêt Muriers.

Il y a quatre arrêts _____ Airbus Industrie et Muriers.

Manon est à _____ sur le dessin.

A _____, on voit son père, M. Carbonne.

Et Emma? Elle n'est pas _____.

49

Plattform 1 RÜCKBLICK

Zeitliche Orientierung

9 Du kennst bereits viele Ausdrücke, um feste Zeitangaben zu machen. Stelle diese Ausdrücke zusammen, indem du den Buchstabensalat entwirrst. Der erste Buchstabe ist richtig angegeben. Schreibe die deutsche Bedeutung dahinter.

Jahreszeiten

aemnout _____ _____

éét _____ _____

heirv _____ _____

peimnprst _____ _____

Wochentage

daeichmn _____ _____

jeiud _____ _____

liudn _____ _____

maidr _____ _____

mcdeeirr _____ _____

sadeim _____ _____

vddeeinr _____ _____

Tageszeiten

aeprs-mdii _____ _____

maint _____ _____

mdii _____ _____

miintu _____ _____

sior _____ _____

RÜCKBLICK Plattform 1

Das Wetter

10 *Temps* heißt im Französischen sowohl „Zeit" als auch „Wetter". Wie war das aber noch gleich mit den Ausdrücken für Wetter? Trage sie neben den Bildern ein und übersetze sie ins Deutsche. Zwei Ausdrücke passen gleich gut zum selben Bild. Wenn du nicht mehr sicher bist, schau im Schulbuch nach.

il fait beau – il fait chaud – il fait froid – il fait vingt-cinq degrés –

il y a du soleil – il pleut

F: _____
D: _____

F: _____
D: _____

F: _____
D: _____

F: _____
D: _____

F: _____
D: _____

51

Plattform 1　EINBLICK

Briefe schreiben

11 In den ersten drei Kapiteln deines Schulbuchs hast du mehrere private Briefe und E-Mails lesen können. Jetzt kennst du außerdem das Passé composé und kannst einem Partner über vergangene Ereignisse berichten. Bevor du aber selbst einen Brief oder eine E-Mail schreibst, hier die festen Bestandteile eines französischen Privatbriefs, die man oft auch in E-Mails wiederfindet.

die Datumszeile	Toulouse, le 3 novembre 2007
die Anrede	Cher Adrien / Chère tante Sylvie / Salut, Adrien/Malika/ les copains / les amis,
Verabschiedungsfloskel (nicht notwendig)	A bientôt!
Schlussformel	Amicalement / Je t'embrasse / Bises / Mille bises
P.S. (Nachbemerkung) (nicht notwendig)	P.S.: Tu viens pendant les vacances?

Mit diesen Ausdrücken erstellst du den Rahmen deines Briefs. Auch für den Hauptteil gibt es nützliche feste Wendungen.

Dank	Merci pour la lettre / le cadeau / le paquet.
Frage nach dem Befinden des Briefpartners	Comment est-ce que tu vas / vous allez?
Auskunft über das eigene Befinden	Moi, je vais bien.
Ankündigung des Briefendes	Bon, j'arrête maintenant. (Il est déjà 20 heures.)
Bitte um Antwort	Réponds-moi / Répondez-moi vite!

EINBLICK **Plattform 1**

Schreibe in der rechten Spalte einen Brief an deine französische Briefpartnerin Gabrielle. Halte dich dabei an die Vorgaben in der linken Spalte.

Berlin, den 12. Mai 2007	
Liebe Gabrielle!	
Vielen Dank für deinen Brief.	
Mir geht es gut.	
Ich habe einen tollen Film mit Brad Pitt gesehen.	
Kennst du Brad Pitt?	
Welche Schauspieler magst du?	
Ich höre jetzt auf.	
Ich muss noch Hausaufgaben machen.	
Antworte bald!	
Alles Liebe! (+ dein Name)	
P.S. Kommst du nach Berlin in diesem Sommer?	

Plattform 1 AUSBLICK

Diktat: La vie de Valentin 🎧 10

12 Schreibe das Diktat. Du findest es auf der CD. Dann vergleiche deine Fassung mit der Lösung im Lösungsteil. Markiere die Fehler und schreibe die falschen Stellen einmal richtig, damit sich die richtige Schreibweise einprägt.

Übersetzung: Un travail pour Mme Carbonne

13 Übersetze.

In Toulouse hat Mme Carbonne viel Zeit, zu viel Zeit. Sie erneuert die Farbe der Eingangstür. Sie kocht für die Familie. Sie liest die Zeitung. Nach zwei Wochen sieht sie eine Anzeige. Die SEMVAT sucht einen Fahrer oder eine Fahrerin für die Linie 66. Diese Linie fährt an dem College Guillaumet vorbei. Mme Carbonne ist glücklich. Ihre Kinder können mit ihr in die Schule fahren (= gehen).

Fotoalbum: Un week-end à Toulouse

14 Stelle dir vor, du bist ein Freund / eine Freundin aus der Pariser Zeit und verbringst ein Wochenende mit der Familie Carbonne. Schreibe jeweils einen oder zwei Sätze zu jedem Bild. Verwende das Präsens. Wenn du Wörter und Ausdrücke aus den bisherigen Lektionen suchst, kannst du im Schulbuch nachsehen. Die Lösung im Lösungsteil kann in diesem Fall nicht die einzige richtige sein. Vergleiche sie aber dennoch mit deiner Lösung und korrigiere deine Fassung, wo du beim Vergleich Fehler entdeckst.

Samedi matin, _____

_____

_____

54

AUSBLICK **Plattform 1**

Samedi midi, _____
_____
_____

Samedi soir, _____
_____
_____

Dimanche matin, _____
_____
_____

Dimanche après-midi, _____
_____
_____

Dimanche soir, _____
_____
_____

LEKTION 4

Die indirekten Objektpronomen *lui* und *leur*

Die indirekten Objektpronomen der 3. Person heißen *lui* und *leur*.
Sie vertreten Personen.
lui steht für eine Person, egal, ob sie maskulin oder feminin ist.
leur steht für mehrere Personen, egal, ob sie maskulin oder feminin sind.

Emma explique le projet **à Fabien**.	… erklärt Fabien das Projekt.
Elle **lui** explique le projet de vidéo.	… erklärt **ihm** das Videoprojekt.
Emma explique le devoir **à Manon**.	… erklärt Manon die Aufgabe.
Elle **lui** explique le devoir de maths.	… erklärt **ihr** die Matheaufgabe.
Emma explique ses notes **aux parents**.	… erklärt den Eltern ihre Noten.
Elle **leur** explique ses notes.	… erklärt **ihnen** ihre Noten.

Für die Stellung von *lui* und *leur* gelten dieselben Regeln wie für *me, te, le, la, nous, vous*.

Emma **lui** explique le projet.	… erklärt ihm das Projekt.
Elle **ne lui** explique **pas** le projet.	… erklärt ihm das Projekt nicht.
Elle veut **lui** expliquer le projet.	… will ihm das Projekt erklären.
Elle **ne** veut **pas lui** expliquer le projet.	… will ihm das Projekt nicht erklären.
Elle **ne lui** a **pas** expliqué le projet.	… hat ihm das Projekt nicht erklärt.

Tipp

Pass auf, dass du *leur* als Objektpronomen und *leur* als Possessivbegleiter nicht verwechselst. Das Objektpronomen ist unveränderlich, kann also kein Plural-s tragen. Es steht vor dem Verb und entspricht dem deutschen „ihnen".

| GRAMMATIK | WORTSCHATZ | HÖRVERSTEHEN | LESEVERSTEHEN | **4** |

1 Wähle das Objektpronomen aus, das in die Lücke gehört.

lui – leur

Fabien plaît beaucoup à Emma. Il _____ plaît beaucoup.

Emma écrit une lettre à Victor et Malika. Elle _____ écrit une lettre.

Manon montre sa maison à ses copines. Elle _____ montre sa maison.

Valentin veut demander qc à sa mère. Il veut _____ demander qc.

Emma ne téléphone plus aux copains à Paris. Elle ne _____ téléphone plus.

2 Beantworte die Frage vollständig und ersetze dabei den blau hervorgehobenen Ausdruck durch das passende Objektpronomen.

Emma montre son bulletin à ses parents?

Oui, elle _____.

Mme Carbonne téléphone aux voisins pour le repas?

Non, elle _____.

Valentin parle de ses problèmes à son père?

Oui, il _____.

Emma veut répondre à sa mère?

Non, elle _____.

Emma peut expliquer les devoirs à Cécile?

Non, elle _____.

La vie à Toulouse plaît aux Carbonne?

Oui, elle _____.

57

Die Verben auf -ir (Gruppe *finir*)

> Neben Verben wie *dormir* und *sortir* gibt es noch eine zweite Gruppe mit regelmäßigen Verben auf *-ir*. Auch diese Verben enden im Präsens auf -s, -s, -t, -ons, -ez, -ent. Im Plural wird der Stamm jedoch durch -ss- erweitert.
> Die Verben auf *-ir* bilden das Participe passé auf -i.
>
> **finir** beenden
>
> je fini**s** ich beende
> tu fini**s** du beendest
> il/elle/on fini**t** er/sie/man beendet
> nous fini**ss**ons wir beenden
> vous fini**ss**ez ihr beendet
> ils/elles fini**ss**ent sie beenden
>
> **Passé composé: j'ai fini**

3 Setze die passenden Verbformen ein. Die folgenden Verben werden alle nach dem Muster von *finir* konjugiert.

nous _____ (réfléchir)

elle _____ (applaudir)

je _____ (réussir)

vous _____ (choisir)

tu _____ (applaudir)

ils _____ (réussir)

il _____ (réfléchir)

elles _____ (choisir)

GRAMMATIK WORTSCHATZ HÖRVERSTEHEN LESEVERSTEHEN 4

Der unbestimmte Begleiter *tout*

Tout richtet sich wie ein Adjektiv nach Genus und Numerus des Nomens, auf das es sich bezieht. Nach dem unbestimmten Begleiter *tout* steht immer ein zweiter Begleiter.

Dans le film, Emma présente		In dem Film stellt Emma … vor.
tout le collège.	[tu]	die ganze Schule
toute sa classe.	[tut]	ihre ganze Klasse
tous ses copains.	[tu]	alle ihre Freunde
toutes les matières.	[tut]	alle Fächer

Tipp Achte beim Schreiben von [tu] und [tut] auf den folgenden Begleiter (Artikel, Possessiv- oder Demonstrativbegleiter). An ihm kannst du erkennen, ob das folgende Nomen im Singular oder Plural steht.

4 Übersetze die folgenden Ausdrücke.

alle unsere Nachbarn _____

unsere ganze Wohnung _____

alle meine Freunde _____

die ganze Stadt _____

alle diese Häuser _____

alle deine Brüder _____

alle eure Freundinnen _____

die ganze Zeit _____

59

4 GRAMMATIK WORTSCHATZ HÖRVERSTEHEN LESEVERSTEHEN

Das Verb *rire*

rire	lachen
je ri**s**	ich lache
tu ri**s**	du lachst
il/elle/on ri**t**	er/sie/man lacht
nous ri**ons**	wir lachen
vous ri**ez**	ihr lacht
ils/elles ri**ent**	sie lachen

Passé composé: j'ai ri

5 Vervollständige die Formen von *rire* im Präsens und Imperativ.

n			r	i				e		s		r		z
e			s			n			l	l		r		
	u	r			o	u				z		r		s

venir de faire quelque chose (qc) / être en train de faire qc / aller faire qc

Mit der Wendung *venir de faire qc* drückt man aus, dass man gerade etwas getan hat oder dass gerade etwas passiert ist.
Die Objektpronomen stehen unmittelbar vor dem Infinitiv.

Emma est là?	Ist Emma da?
Oui, elle est là. Elle **vient d'**arriver.	Ja, sie ist da. Sie ist gerade gekommen.
Tu as lu la lettre?	Hast du den Brief gelesen?
Je **viens de la lire**.	Ich habe ihn gerade gelesen.

Mit der Wendung *être en train de faire qc* kann man ausdrücken, dass etwas gerade geschieht. Die Objektpronomen stehen unmittelbar vor dem Infinitiv.

Que fait Fabien?	Was macht Fabien?
Il est **en train de** faire ses devoirs.	Er ist dabei seine Hausaufgaben zu machen.
Et Emma?	Und Emma?
Elle est **en train de l'**aider.	Sie ist gerade dabei ihm zu helfen.

Zur Erinnerung: Du kennst schon die Wendung *aller faire qc*, mit der das Futur composé gebildet wird. Die Wendung drückt aus, dass etwas in naher Zukunft geschieht.

| Tu as déjà téléphoné à Céline? | Hast du Céline schon angerufen? |
| Non, mais je **vais** lui **téléphoner** tout de suite. | … ich werde sie sofort anrufen. |

GRAMMATIK · WORTSCHATZ · HÖRVERSTEHEN · LESEVERSTEHEN — 4

6 Bringe die Satzbausteine in die richtige Reihenfolge. Das erste Wort ist richtig vorgegeben.

Malika / de / Emma / et / Toulouse / viennent / visiter

_____

Elles / de / en / les / photos / regarder / sont / train

_____

Demain / à / Malika / Paris / rentrer / va

_____

M. Carbonne / à / ce / Hambourg / partir / soir / va

_____

Il / billet / chercher / de / son / vient

_____

Il / avec / de / discuter / en / est / femme / sa / train

_____

7 Übersetze.

Valentin hat gerade Fußball gespielt.

_____

Spielt er jetzt gerade Fußball?

_____

Nein, aber er wird morgen wieder Fußball spielen.

_____

4 GRAMMATIK WORTSCHATZ HÖRVERSTEHEN LESEVERSTEHEN

Die Infinitive mit *à*, *de* und ohne Präposition

Wie im Deutschen können im Französischen auf bestimmte Verben und Ausdrücke Infinitive folgen. Je nach Verb oder Ausdruck werden die Infinitive unterschiedlich angeschlossen. Es gibt drei Möglichkeiten: ohne Präposition, mit der Präposition *à* und mit der Präposition *de*.

Je veux⌒apprendre le français.	Ich will Französisch lernen.
J'ai commencé **à** apprendre le français.	Ich habe begonnen, Französisch zu lernen.
J'ai envie **d'**apprendre le français.	Ich habe Lust, F. zu lernen.

 Lerne die Verben und Ausdrücke immer gleich mit ihren Infinitivanschlüssen und präge sie dir gut ein.

8 Trage die Verben und Ausdrücke in die richtige Spalte ein.

aimer – aller – arrêter – avoir peur – commencer – continuer – devoir – être en train – pouvoir – réussir – venir

Anschluss ohne Präp.	Anschluss mit *à*	Anschluss mit *de*

9 Übersetze und schreibe in dein Übungsheft. Verwende dabei Ausdrücke aus Übung 8.

Manon zeichnet gern.

Sie schafft es, ihre Freundinnen zu zeichnen.

Sie hat Lust, ihre Schwester zu zeichnen.

| GRAMMATIK | **WORTSCHATZ** | HÖRVERSTEHEN | LESEVERSTEHEN | **4** |

Verben mit indirektem Objekt

10 Du lernst in dieser Lektion die indirekten Objektpronomen *lui* und *leur* kennen. Um diese an den richtigen Stellen einzusetzen, musst du wissen, welche Verben überhaupt ein indirektes Objekt verlangen. Einige kennst du bereits. Ergänze die Übersicht.

Französisch	Deutsch
	jdn. nach etwas fragen
dire qc à qn	
	jdm. etwas geben
écrire qc à qn	
	jdm. etwas schicken
expliquer qc à qn	
	jdm. etwas zeigen
parler à qn	
	jdm. gefallen
présenter qc à qn	
	jdm. etwas antworten
téléphoner à qn	

11 Übersetze und schreibe in dein Übungsheft.

Er sagt ihnen „Guten Tag".

Sie schickt ihm einen Brief.

Ich gebe ihr ein Foto.

Wir rufen sie (Plural) an.

63

4 WORTSCHATZ

Schule

12 Die Schüler des Collège Henri Guillaumet stellen ihren Partnern im Senegal ihre Schule vor. Dadurch lernst du in dieser Lektion neue Wörter zum Thema „Schule" kennen und hast Gelegenheit, dich an schon eingeführten Wortschatz zu erinnern. Entwirre den Buchstabensalat und schreibe hinter jedes Wort die deutsche Übersetzung. Der erste Buchstabe ist richtig vorgegeben.

Unterricht

caelss	une _____	_____
corsu	un _____	_____
deiorv	un _____	_____
éèelv	un/e _____	_____
eéopsx	un _____	_____
peeforrssu	un _____	_____
sacll dc caclss	une _____	_____

Fächer

aadellmn	l'_____	_____
faaçinrs	le _____	_____
ggaéehiopr	la _____	_____
mahst	les _____	_____
soprt	le _____	_____
STV	_____	_____

| GRAMMATIK | **WORTSCHATZ** | HÖRVERSTEHEN | LESEVERSTEHEN | **4** |

Schulleben

caeinnt   une _____   _____

coru   une _____   _____

paceeemnnr la _____   _____

pino   un _____   _____

racééinort une _____   _____

Ernährung

13 Mit der Schulkantine kommt das Thema Ernährung in den Blick. Du kennst inzwischen schon einige Wörter aus diesem Bereich. Fülle die Felder des Rätsels aus. Die vorgegebenen Buchstaben helfen dir bei der Suche.

m _ _ g _ _	essen
_ o i _ _	trinken
_ _ _ _ n e	Küche
_ _ _ _ a s	Essen/Mahlzeit
_ _ s s _ _	Nachtisch
_ _ v _ _ _	Glas
_ _ _ e i l l e	Flasche
_ a _ _ _ _	Teller
_ _ _ _ _ _	Kaffee
_ _ _ c _ _ a	Cola
_ _ _ _ _ _ _ _	Champagner
_ _ _ _ e _	Wasser
_ _ _ t i n	Auflauf
_ n _ _ _ _ e	Nudel
_ p _ _ _ o n	Fisch
_ _ _ _ e a u	Kuchen
_ _ _ _ _ e r	Koch

65

4 GRAMMATIK   WORTSCHATZ   **HÖRVERSTEHEN**   LESEVERSTEHEN

Hören und verstehen 🎧 11

14 Höre genau hin. Die folgenden Aussagen zu Lektion 4 sind teilweise richtig und teilweise falsch. Kreuze an.

1. ☐ richtig ☐ falsch   5. ☐ richtig ☐ falsch
2. ☐ richtig ☐ falsch   6. ☐ richtig ☐ falsch
3. ☐ richtig ☐ falsch   7. ☐ richtig ☐ falsch
4. ☐ richtig ☐ falsch   8. ☐ richtig ☐ falsch

Hören und nachsprechen 🎧 12

15 Höre dir die folgenden Sätze an und sprich sie nach. Bei den Lösungen kannst du den Text nachlesen.

Hören und schreiben 🎧 13

16 Du hörst den vollständigen Text, aber du hast nur eine unvollständige Mitschrift. Vervollständige sie.

A midi, les élèves sont __ ____ _____. Ils parlent du _____

__'_____. Cécile __'_____ _____ contente:

«____ _____ ____ nouilles, ça va encore. Mais les choux de

Bruxelles: Beurk!» Olivier __'_____ _____ __'_____.

«C'est bon, les choux de Bruxelles. Tu peux me donner tes choux.»

Cécile _____ _____ _____ ses choux. Ça fait beaucoup de choux,

_____ Olivier _____ _____. Et le dessert? Ce sont des choux

__ ____ _____. Olivier __'__ _____ _____. «Vous pouvez

les avoir, mes choux à la crème. Je _____ _____ _____

quand j'entends le mot chou.»

| GRAMMATIK | WORTSCHATZ | HÖRVERSTEHEN | **LESEVERSTEHEN** | **4** |

Informationen heraussuchen

17 Stell dir vor, du verbringst eine Woche als Gast in einem Collège in der Nähe von Paris und nimmst am Montag und Dienstag am Unterricht der Klasse 4e B teil. Im Internet findest du den Stundenplan.

	Lundi	**Mardi**
8:00 – 9:25	LV2: Ang – Esp	TEC
9:25 – 10:20		SVT
10:35 – 11:30	FRA	SVT
11:30 – 13:05	REPAS	REPAS
13:05 – 14:00	MAT	ANG1 – ALL1
14:00 – 14:55	HG	MUS
15:10 – 16:05	ANG1 – ALL1	MAT
16:05 – 17:00	EPS	

FRA	Français	ANG2	Anglais LV2	TEC	Technologie
HG	Histoire Géographie	ESP2	Espagnol LV2	MUS	Education Musicale
ALL1	Allemand LV1	MAT	Mathématiques	EPS	Education Physique
ANG1	Anglais LV1	SVT	Sciences Vie Terre		Sportive

Entnimm der Webseite die folgenden Informationen und trage sie ein.

Unterrichtsbeginn
am Morgen: _____

Lage zweite Pause: _____

Unterrichtsschluss
Montag: _____

Anzahl Deutsch-
stunden: _____

Unterrichtsschluss
Dienstag: _____

Anzahl Mathematik-
stunden: _____

Lage erste Pause: _____

Lage Sportstunde: _____

Dauer Mittagspause: _____

Lage Musikstunde: _____

GRAMMATIK **WORTSCHATZ** **HÖRVERSTEHEN** **LESEVERSTEHEN**

Das Wesentliche verstehen

18 Im Zusammenhang mit dem Videoprojekt informieren sich die Schüler der 4ᵉ B über den Senegal. Im Internet finden sie unter anderem die folgenden Informationen. Lies sie durch und prüfe die Aussagen 1 – 7 auf ihre Richtigkeit.

Le Sénégal

Superficie: 196 192 km²

Population: 9 200 000 habitants (estimation en 1999)

Capitale: Dakar

Langue officielle: Français

Langues parlées: Wolof, Pulaar, Serer, Mandinka, Diola

Religion: Islam (84 %), Animistes (7 %), Christianisme (6 %)

Monnaie: Franc CFA

Importations (1998): 1,2 milliard de $ (dont environ 27 % de produits alimentaires, en particulier riz et blé, et produits pétroliers);
principaux fournisseurs: France, 36 %, Etats-Unis, Thaïlande.
Exportations (1998): 925 millions de $ (dont poissons 30 %);
principaux clients: Mali, 11,7 %, France, 10 %

Tourisme: 309 000 touristes (contre 186 000 en 1980) ont apporté plus de 165 millions de $ de devises en 1998.

Communications et services:
– 904 km de chemin de fer
– 14 580 km de routes dont 4 230 bitumés
– Parc automobile (1997): 14 pour 1 000 habitants
– Télévision: 41 postes pour 1 000 habitants

GRAMMATIK **WORTSCHATZ** **HÖRVERSTEHEN** **LESEVERSTEHEN**

	richtig	falsch
1. Französisch ist die Landessprache des Senegal.	☐	☐
2. Die Hälfte der Bevölkerung sind Christen.	☐	☐
3. Der Senegal exportiert mehr als er importiert.	☐	☐
4. Dakar ist die Hauptstadt.	☐	☐
5. Frankreich liefert mehr als ein Drittel der importierten Güter.	☐	☐
6. Von 1980 bis 1998 ist die Zahl der Touristen zurückgegangen.	☐	☐
7. 14 von 1 000 Einwohnern haben ein Fernsehgerät.	☐	☐

LEKTION 5

Der Teilungsartikel

Der Teilungsartikel *du, de la, de l'* wird gebildet aus *de* und dem bestimmten Artikel. Er bezeichnet eine unbestimmte Menge von Dingen, die man nicht zählen kann. Im Deutschen steht in diesem Fall kein Artikel.

Au restaurant, Emma prend **du** coca. … nimmt ⌣ Cola.
Manon prend **de la** limonade. … nimmt ⌣ Limonade.
Mme Carbonne prend **de l'**eau. … nimmt ⌣ Wasser.

Der Teilungsartikel steht auch bei abstrakten Begriffen.

Mme Salomon fait **de la** publicité. … macht ⌣ Werbung.
Valentin et Fabien font **du** sport. … machen ⌣ Sport.

1 Ergänze die fehlenden Teilungsartikel und übersetze ins Deutsche.

l'amour   _____ amour   _____

le café   _____ café   _____

le champagne   _____ champagne   _____

la musique   _____ musique   _____

la chance   _____ chance   _____

le travail   _____ travail   _____

| **GRAMMATIK** | **WORTSCHATZ** | **HÖRVERSTEHEN** | **LESEVERSTEHEN** |

Tipp

Beachte, dass es mehrere Fälle gibt, in denen im Deutschen nichts steht und im Französischen ein bestimmter Ausdruck verwendet werden muss.

Unbestimmte Menge nicht zählbarer Dinge:
de l'eau ⎯ Wasser

Unbestimmte Anzahl zählbarer Dinge:
des bouteilles ⎯ Flaschen

Mengenangabe/Verneinung:
une bouteille **d'**eau eine Flasche ⎯ Wasser

2 Vervollständige die Übersicht.

Französisch	Deutsch
du papier	
	ein Karton Bücher
des dessins	
	Zeit
une bouteille de coca	
	Plakate
des films	
	ein Glas Wasser
un groupe d'élèves	
	Farbe

71

5 GRAMMATIK   WORTSCHATZ   HÖRVERSTEHEN   LESEVERSTEHEN

Das Pronomen *en*

Das Pronomen *en* vertritt eine Ergänzung mit *de* (z. B. Teilungsartikel) und Ergänzungen mit dem unbestimmten Artikel Pural *(des)*.

Tu manges **de la** salade?	Oui, j'**en** mange.	Ja, ich esse **davon**.
Tu manges **des** frites?	Oui, j'**en** mange aussi.	Ja, ich esse **davon**.

Für das Pronomen *en* gelten dieselben Stellungsregeln wie für die direkten und indirekten Objektpronomen. Es steht:
– vor der konjugierten Verbform
– innerhalb der Verneinungsklammer
– vor dem Infinitiv, wenn dem konjugierten Verb ein Infinitiv folgt.

Wird *en* mit *il y a* gebraucht, so steht *y* vor *en*.

Tu as pris **du** coq au vin?	Oui, j'**en** ai pris.
Tu as pris **des** nouilles?	Non, je n'**en** ai pas pris.
Il y a encore **du** café?	Oui, il **y en** a encore. Tu veux **en** boire?

en vertritt auch Nomen, denen ein Zahlwort (*cinq verres*) oder ein Mengenwort (*beaucoup de* …) vorausgeht. Das Zahlwort/Mengenwort wird nach dem Verb wieder aufgenommen oder durch ein anderes Zahlwort/Mengenwort ersetzt.

Tu veux **un** sandwich?	Oui, mais j'**en** prends **deux**.
Tu as **beaucoup de** coca?	Oui, j'**en** ai **beaucoup**.
	J'**en** ai acheté **dix bouteilles**.

---

3 Setze *en* an der richtigen Stelle ein.

Des copains, tu _____ as _____ invité?

Oui. J(e) _____ ai _____ invité beaucoup à la fête.

Des cadeaux?

J(e) _____ n(e) _____ veux _____ pas.

Mais Emma _____ va _____ apporter un, je sais. Et des gâteaux?

J(e) _____ ai _____ préparé un. Je n(e) _____ veux _____ pas _____ préparer plus.

| GRAMMATIK | WORTSCHATZ | HÖRVERSTEHEN | LESEVERSTEHEN |

4 Übersetze.

Rosenkohl? Davon nehmen wir nicht.

Willst du davon?

Nudelauflauf? Davon werde ich essen.

Kaffee? Ich trinke keinen (= nicht davon).

Nachtisch? Es gibt keinen mehr (= nicht mehr davon)!

5 GRAMMATIK WORTSCHATZ HÖRVERSTEHEN LESEVERSTEHEN

Die Verben *préférer* und *répéter*

préférer	vorziehen
je préf**è**re	ich ziehe vor
tu préf**è**res	du ziehst vor
il/elle/on préf**è**re	er/sie/man zieht vor
nous préférons	wir ziehen vor
vous préférez	ihr zieht vor
ils/elles préf**è**rent	sie ziehen vor

Passé composé: j'ai préféré

répéter	wiederholen
je rép**è**te	ich wiederhole
tu rép**è**tes	du wiederholst
il/elle/on rép**è**te	er/sie/man wiederholt
nous répétons	wir wiederholen
vous répétez	ihr wiederholt
ils/elles rép**è**tent	sie wiederholen

Passé composé: j'ai répété

5 Schreibe die angegebenen Verbformen in Kleinbuchstaben und setze die Akzente.

NOUS AVONS REPETE   _____

TU PREFERES   _____

ELLE REPETE   _____

VOUS AVEZ PREFERE   _____

ILS PREFERENT   _____

JE REPETE   _____

Das Verb *appeler*

appeler	rufen/anrufen
j'appelle	ich rufe (an)
tu appelles	du rufst (an)
il/elle/on appelle	er/sie/man ruft (an)
nous appelons	wir rufen (an)
vous appelez	ihr ruft (an)
ils/elles appellent	sie rufen (an)

Passé composé: j'ai appelé

6 Vervollständige die Formen von *appeler* im Präsens, Passé composé oder Imperativ.

		e	a				e		t			s	a				é
n			a				o			j	'	a	p				
		s					e	n	t		a				o	n	s

7 Du kennst noch weitere Besonderheiten bei Verben auf *-er*. Bilde die geforderten Formen im Präsens.

acheter	j'_____
annoncer	nous _____
appeler	j'_____
commencer	nous _____
manger	nous _____
préférer	je _____
ranger	nous _____
répéter	je _____

75

5 GRAMMATIK   WORTSCHATZ   HÖRVERSTEHEN   LESEVERSTEHEN

il faut

il faut ist ein unpersönlicher Ausdruck und kann mit einem Nomen (Bedeutung: „man braucht/benötigt") oder mit einem Infinitiv verbunden werden (Bedeutung bejaht: „man muss etwas tun", verneint: „man darf etwas nicht tun").

Il **faut** de l'eau.	Man braucht/benötigt Wasser.
Il ne **faut** pas de café.	Man braucht/benötigt keinen Kaffee.
Il **faut** faire un gâteau.	Man muss einen Kuchen backen.
Il ne **faut** pas l'acheter.	Man darf ihn nicht kaufen.

Durch das Hinzufügen eines indirekten Objektpronomens *(me/te/lui/nous/vous/leur)* kann man *il faut* auf Personen beziehen. Es hat dann die Bedeutung „brauchen/müssen".

Il **te** faut de la musique?
Non, il ne **me** faut pas de musique.

---

8 Übersetze.

Braucht ihr Bücher?

_____

Wir brauchen keine Bücher.

_____

Man braucht Zeit.

_____

Ich brauche jetzt Zeit.

_____

Man muss immer zuerst nachdenken.

_____

| GRAMMATIK | WORTSCHATZ | HÖRVERSTEHEN | LESEVERSTEHEN | **5** |

Die Verneinung: *ne ... personne*

> *ne ... personne* ist eine Form der Verneinung. Im Gegensatz zu anderen Verneinungen steht der zweite Teil der Verneinung, *personne* (keiner), nach dem Participe passé und nach dem Infinitiv.
>
> Il **n'**écoute **personne**.   Er hört niemandem zu.
> Il **n'**a écouté **personne**.   Er hat niemandem zugehört.
> Il **ne** veut écouter **personne**.   Er will niemandem zuhören.

Achte darauf, dass in allen anderen Fällen von Verneinung das zweite Element gleich nach der konjugierten Verbform kommt:

Il n'écoute pas son père.
Il ne veut plus écouter son père.
Il n'a jamais écouté son père.

9   Setze die Satzbausteine in die richtige Reihenfolge.

je / faire / ne / rien/ veux

_____

à / je / ne / parler / personne / veux

_____

à / copains / je / mes / ne / téléphone / plus

_____

avec / discute / jamais / je / mes / ne / parents

_____

ai / je / n' / personne / vu

Hier aussi, _____

77

5 WORTSCHATZ

Essen und Trinken

10 In Lektion 5 geht es um Essen und Trinken in Frankreich. Entsprechend viel neuer Wortschatz entstammt diesem Bereich. Vervollständige die Tabelle.

Französisch	Deutsch
	Baguette
banane (f.)	
	Butter
chocolat (m.)	
	Schlagsahne
farine (f.)	
	Käse
fruit (m.)	
	Eis
légume (m.)	
	Ei
orange (f.)	
	Brot
poivre (m.)	
	Apfel
pomme de terre (f.)	
	Salat
sel (m.)	
	Zucker
tarte aux pommes (f.)	
	Tomate

GRAMMATIK · **WORTSCHATZ** · HÖRVERSTEHEN · LESEVERSTEHEN

5

11 Zum Essen gehören auch Getränke *(des boissons)*. Erkenne sie im Buchstabensalat und schreibe die deutsche Übersetzung dahinter. Der erste Buchstabe ist richtig vorgegeben.

caéf   le _____   _____

caaeghmnp   le _____   _____

ccao   le _____   _____

eua   l' _____   _____

eua maéeilnr l' _____   _____

jsu   le _____   _____

jsu d'oeagnr le _____   _____

ltia   le _____   _____

vni   le _____   _____

12 Wenn man über Essen und Trinken reden will, braucht man Verben. Setze die folgenden Verben in der richtigen Form in den kleinen Text ein.

boire – détester – faire les courses – falloir – goûter – manger – manquer – préférer – préparer

Aujourd'hui, Emma veut _____ un bon repas pour

l'anniversaire de sa mère. Elle _____

au marché. Chez le marchand de légumes, elle _____ les tomates,

puis elle en prend un kilo. Pour la tarte, il lui _____ des fruits.

Sa mère _____ les pommes. Emma en achète alors deux kilos

et elle en _____ déjà une parce qu'elle a faim. Il lui _____

encore les boissons. Sa mère aime _____ du vin à table.

«Moi, je _____ ça!»

79

Mengenangaben

13 Wenn du einkaufen gehst oder ein Essen vorbereitest, musst du wissen, was du in welcher Menge brauchst. Trage die richtigen Mengenangaben ein. Achte darauf, *de/d'* nach der Mengenangabe einzusetzen, wo das nötig ist.

trois bouteilles – deux kilos – un paquet – dix – 500 grammes

_____	_____	farine
_____	_____	oranges
_____	_____	œufs
_____	_____	coca
_____	_____	beurre

Gegensatzpaare

14 Beim Essen, aber auch bei anderen Themen kann man verschiedener Meinung sein. Zu den gegensätzlichen Meinungen passen Wörter gegensätzlicher Bedeutung. Finde das jeweils fehlende Wort.

	détester
facile	
	faux
drôle	
	mauvais
assez	
	sans

| GRAMMATIK | WORTSCHATZ | **HÖRVERSTEHEN** | LESEVERSTEHEN |

Hören und verstehen 🎧 14

15 Höre genau hin. Die folgenden Aussagen zu Lektion 5 sind teilweise richtig und teilweise falsch. Kreuze an.

1. ☐ richtig ☐ falsch   5. ☐ richtig ☐ falsch
2. ☐ richtig ☐ falsch   6. ☐ richtig ☐ falsch
3. ☐ richtig ☐ falsch   7. ☐ richtig ☐ falsch
4. ☐ richtig ☐ falsch   8. ☐ richtig ☐ falsch

Hören und nachsprechen 🎧 15

16 Höre dir die folgenden Sätze an und sprich sie nach. Bei den Lösungen kannst du den Text nachlesen.

Hören und schreiben 🎧 16

17 Du hörst den vollständigen Text, aber du hast nur eine unvollständige Mitschrift. Vervollständige sie.

Fabien veut _____ ____ _____

__'_____ pour sa mère. Mais il ne fait pas

_____ et met _____ ____ _____. Quand il goûte

le gâteau, ____ _____ «Beurk. ____ n'est pas bon!» Et il demande __

____ _____: «____'_____-____ ____'on va faire maintenant?»

Alors, ____ _____ _____ un gâteau à la boulangerie. A la

fête, Cécile _____ le gâteau _____ «la surprise de Fabien».

Fabien est __ _____. Il ne trouve pas ça _____. Mais sa

mère _____ le gâteau. Alors, _____ _____ _____,

Fabien fait ce gâteau avec Emma. _____ _____ Cécile et

ne lui _____ rien, d'abord. Elle aime beaucoup le gâteau. Emma

_____ _____: «C'est ____ _____ surprise de Fabien!»

81

5 | GRAMMATIK | WORTSCHATZ | HÖRVERSTEHEN | **LESEVERSTEHEN**

Informationen heraussuchen

18 Ihr habt eine Woche bei Freunden in Toulouse verbracht und möchtet sie am Ende als Dank zum Essen in ein Restaurant einladen. Aber in welches Restaurant?

Le Don Quichotte

A 20 minutes de Toulouse, le restaurant le Don Quichotte vous accueille, en terrasse ombragée l'été, au coin du feu l'hiver et vous propose une cuisine de terroir traditionnelle mais aussi créative.

ouverture: 7 jours sur 7 de 12h à 13h30 et de 19h30 à 22h

31580 La Croix Rouge – Tél: 05 61 08 78 88

Situé au premier étage du marché Victor Hugo

Le Magret

Ouvert tous les midis du mardi au dimanche.

Marché Victor Hugo
31000 Toulouse
Tél: 05 61 23 21 32

La Bohème

Spécialiste du cassoulet à la cuisse de canard, du magret aux cèpes et du foie gras mi-cuit, le chef mitonne aussi avec soin le filet de sandre et le filet de bœuf.

Fermé le samedi midi et le dimanche

3 rue Lafayette
31000 Toulouse
Tél: 05 61 23 24 18

LE CANARD SUR LE TOIT

Assiette du terroir – Cuisine gasconne – spécialités du Sud-Ouest (Magret et foie gras de canard – vins de qualité) – banquets – séminaires – salle de réunions – mariages – baptêmes

fermé le dimanche soir

58, route de la Salvetat – 31770 Colomiers
Tél: 05 61 30 37 83

| GRAMMATIK | WORTSCHATZ | HÖRVERSTEHEN | **LESEVERSTEHEN** | **5** |

Entnimm den Kurzvorstellungen der Restaurants die folgenden Informationen und notiere sie.

1. Welche Restaurants liegen in Toulouse selbst?

   _____

   _____

2. Welches Restaurant hat täglich mittags und abends geöffnet?

   _____

3. An welchem Wochentag hat „Le Magret" nicht geöffnet?

   _____

4. Wann ist „Le Canard sur le Toit" geschlossen?

   _____

5. Wo kann man bei warmem Wetter im „Don Quichotte" sitzen?

   _____

6. In welchen Restaurants findet man auf jeden Fall *foie gras* (Gänseleber bzw. Entenleber)?

   _____

LEKTION 6

Die indirekte Rede

> Die indirekte Rede wird durch die Konjunktion *que* („dass")
> eingeleitet.
> Vor Vokal wird *que* zu *qu'* verkürzt. Vor *que* steht kein Komma.
> Im Gegensatz zum Deutschen („dass") und Englischen („that")
> muss im Französischen immer die Konjunktion *que* verwendet
> werden.
>
> Cécile **dit**: «La météo annonce du soleil.»
> Cécile sagt: „Die Wettervorhersage kündigt Sonne an."
> Cécile **dit que** la météo annonce du soleil.
> Cécile sagt, dass die Wettervorhersage Sonne ankündigt.
>
> Fabien **dit**: «**J'ai** préparé **mon** gâteau.»
> Fabien sagt: „Ich habe **meinen** Kuchen vorbereitet."
> Fabien **dit qu'il a** préparé **son** gâteau.
> Fabien sagt, **dass er seinen** Kuchen vorbereitet hat.

 Tipp

Gleiche in der indirekten Rede immer die Pronomen, die Verbformen und die Begleiter an.

Mme Chapuis dit: «Je vais faire du vélo avec mon père.»
Mme Chapuis dit qu'elle va faire du vélo avec son père.

1 Gleiche das Personalpronomen und das Verb wo nötig an.

Cécile dit: «Je veux …»   *Elle dit qu'*_____ …

Elle dit: «Tu (Fabien) peux …»   _____ …

Elle dit: «Elle doit …»   _____ …

Elle dit: «Nous (les Chapuis) allons …»   _____ …

Elle dit: «Vous (les filles) êtes …»   _____ …

Elle dit: «Ils ont …»   _____ …

| GRAMMATIK | WORTSCHATZ | HÖRVERSTEHEN | LESEVERSTEHEN | **6** |

2 Setze die folgenden Äußerungen in die indirekte Rede.

La marchande: «Ces tomates sont délicieuses.»

Elle dit que _____

_____.

Cécile dit: «J'en prends deux kilos.»

_____.

M. Chapuis: «Nous voulons faire un canard à l'orange.»

_____.

Fabien: «C'est pour l'anniversaire de notre mère.»

_____.

_____.

Die indirekte Frage

Die indirekte Entscheidungsfrage wird durch die Konjunktion *si* („ob") eingeleitet, die Ergänzungsfrage durch das entsprechende Fragewort.
Nur vor *il/ils* wird *si* zu *s'* verkürzt *(s'il / s'ils)*. Vor *si* oder Fragewort steht kein Komma.

Fabien **demande** à sa mère: «Tu as compté les bougies?»
Fabien **demande** à sa mère **si** elle a compté les bougies.
Mamie lui **demande**: «**Est-ce que** tu as fait le gâteau?»
Mamie lui **demande s'**il a fait le gâteau.
Il **veut savoir**: «**Comment est-ce que** tu trouves le gâteau?»
Il **veut savoir comment elle trouve** le gâteau.

85

6 GRAMMATIK WORTSCHATZ HÖRVERSTEHEN LESEVERSTEHEN

3 Setze die fehlenden Konjunktionen ein.

Fabien demande à Emma _____ elle aime le rugby.

Il lui demande _____ elle veut aller au cinéma avec lui, vendredi ou samedi.

Il veut savoir _____ elle n'a pas appelé hier soir.

Emma demande à Fabien _____ il a été lundi.

Elle lui demande _____ son nouveau copain s'appelle.

Elle veut savoir _____ il l'aime toujours.

4 Übertrage die folgenden Aussagen und Fragen in die indirekte Rede.

Cécile demande à Fabien: «Pourquoi est-ce qu'Emma n'est pas là?»

_____

Fabien dit: «Elle a mal à la tête.»

_____

Il ajoute: «J'ai mal à la tête aussi.»

_____

Il explique: «J'ai reçu un ballon de rugby sur la tête.»

_____

Cécile veut savoir: «Tu peux venir à Odyssud avec moi?»

_____

Il répond: «Nous devons travailler pour un contrôle de maths.»

_____

| GRAMMATIK | WORTSCHATZ | HÖRVERSTEHEN | LESEVERSTEHEN | **6** |

Der Imperativ mit einem Pronomen

Beim bejahten Imperativ stehen die Pronomen hinter dem Verb. Sie werden mit einem Bindestrich angeschlossen. Statt *me* und *te* stehen *moi* und *toi*.
Beim verneinten Imperativ ist die Wortstellung wie im Aussagesatz:
Die Pronomen stehen vor dem konjugierten Verb.

Où est le sucre?	Cherche-**le**.	Such ihn!
	Ne **le** cherche pas.	Such ihn nicht!
Il te pose une question.	Réponds-**lui**.	Antworte ihm!
	Ne **lui** réponds pas.	Antworte ihm nicht!
Je suis triste.	Parlez-**moi**.	Redet mit mir!
	Ne **me** parlez pas.	Redet nicht mit mir!

5 Mache aus den folgenden Sätzen sinnverwandte Aufforderungen im Imperativ.

Tu dois me téléphoner.

_____.

Vous devez leur écrire.

_____.

Tu dois les inviter.

_____.

Le gâteau, vous ne devez pas le préparer.

_____.

Tu ne dois pas m'oublier.

_____.

Vous ne devez pas la regarder.

_____.

87

6 GRAMMATIK WORTSCHATZ HÖRVERSTEHEN LESEVERSTEHEN

Das Verb *croire*

croire — glauben

je crois — ich glaube
tu crois — du glaubst
il/elle/on croit — er/sie/man glaubt
nous **croyons** — wir glauben
vous **croyez** — ihr glaubt
ils/elles croient — sie glauben

Passé composé: j'ai cru

6 Vervollständige die Formen von *croire*.

n			c	r	o			u	c			s
	e			s		i	l				n	t
v			r	o	y			l	c	r		

7 Setze die Formen von *croire*, *boire* und *voir* ein.

Form	croire	boire	voir
1. Pers. Sg. Präsens	je		
1. Pers. Pl. Präsens		nous	
3. Pers. Pl. Präsens			ils
1. Pers. Sg. Passé composé	je/j'		
1. Pers. Pl. Passé composé		nous	
3. Pers. Pl. Passé composé			elles

Verben der Redeeinleitung

8 Du lernst in dieser Lektion die indirekte Rede kennen. Wenn man berichtet, was ein anderer gesagt oder geschrieben hat, braucht man ein Verb zur Redeeinleitung. Die folgende alphabetische Übersicht zeigt dir, welche Verben du schon kennst. Ergänze.

Französisch	Deutsch
	ankündigen
crier	
	glauben
demander	
	sagen
écrire	
	erklären
penser	
	erzählen
répéter	
	antworten
trouver	

6

GRAMMATIK **WORTSCHATZ** HÖRVERSTEHEN LESEVERSTEHEN

Seine Meinung sagen

9 Im Gespräch mit Freunden möchte man gerne mal seine Meinung sagen. Übe die passenden Ausdrücke, indem du die Äußerungen vervollständigst.

– Je voudrais aller au concert ce soir.

– Je suis d'_____ que c'est trop cher.

– Moi, je _____ d'accord.

– Je cr_____ que nos parents peuvent nous aider.

– Je suis c_____ .

   Je n'_____ pas demander aux parents.

   Et puis, à _____ _____ , il n'y a plus de places.

– Alors, on regarde la télé?

– Ah non. C'est n_____ !

– Mais on peut regarder un DVD.

– Ça, c'est g_____ .

   J'apporte le dernier film d'Audrey Tautou. A ce soir!

90

| GRAMMATIK | **WORTSCHATZ** | HÖRVERSTEHEN | LESEVERSTEHEN | **6** |

Zeitadverbien

10 Um anderen über Erlebtes zu berichten, braucht man Zeitadverbien. Mit ihrer Hilfe kannst du sagen, wann etwas geschah und wie Ereignisse aufeinander folgten. Präge dir diese Ausdrücke ein, indem du das Worträtsel löst.

		'	a			é	e				i	è	r	e	letztes Jahr
											h			r	gestern
										'	h	u	i		heute
						d	'								zuerst
											i	s			dann
							s	u	i						dann/danach
							a								nach/danach
												n			schließlich

Moderne Medien und Kommunikationsmittel

11 Moderne Medien und Kommunikationsmittel spielen in Lektion 6 eine große Rolle. Schreibe die französischen Ausdrücke aus diesem Bereich auf, die sich hinter dem Buchstabensalat verstecken, und füge die jeweilige Übersetzung ins Deutsche hinzu. Der erste Buchstabe ist richtig vorgegeben.

aeelppr _____ _____

eenorvy _____ _____

maeegss un _____ _____

oadeinrrtu un _____ _____

pabelort un _____ _____

tééehlnop un _____ _____

tééiilnosv la _____ _____

6

GRAMMATIK　　　WORTSCHATZ　　**HÖRVERSTEHEN**　　LESEVERSTEHEN

Hören und verstehen 🎧 17

12　Höre genau hin. Die folgenden Aussagen zu Lektion 6 sind teilweise richtig und teilweise falsch. Kreuze an.

1. ☐ richtig ☐ falsch　　5. ☐ richtig ☐ falsch
2. ☐ richtig ☐ falsch　　6. ☐ richtig ☐ falsch
3. ☐ richtig ☐ falsch　　7. ☐ richtig ☐ falsch
4. ☐ richtig ☐ falsch　　8. ☐ richtig ☐ falsch

Hören und nachsprechen 🎧 18

13　Höre dir die folgenden Sätze an und sprich sie nach. Bei den Lösungen kannst du den Text nachlesen.

Hören und schreiben 🎧 19

14　Du hörst den vollständigen Text, aber du hast nur eine unvollständige Mitschrift. Vervollständige sie.

Aujourd'hui, c'est ____ _____ _____ pour Cécile. Elle va chanter

_____ _____ pour «la star de demain». Elle _____

_____ ____ _____. Sa copine Emma est là aussi.

Emma dit: «____ ____ _____ _____ avoir _____.Tu vas bien

chanter, _____ _____.» Puis, Cécile monte sur scène

et elle _____ __ _____. Deux milles personnes

écoutent _____, et ils applaudissent _____. Elle a gagné.

C'est elle, la star de demain. Fabien et Nicolas _____ ____ ____

_____ Cécile. Ils sont _____ aussi. Mais ils ne

savent pas _____ ____ _____ dans la foule.

| GRAMMATIK | WORTSCHATZ | HÖRVERSTEHEN | **LESEVERSTEHEN** | **6** |

Informationen heraussuchen

15 Stell dir vor, du hast eine französische Freundin / einen französischen Freund, die/der an der Musiktalent-Sendung „Star Academy" teilnehmen möchte. Entnimm der folgenden Internet-Seite die nötigen Informationen zur Bewerbung.

> Vous avez plus de 17 ans? Vous êtes passionné de musique, vous voulez devenir une star, vous voulez chanter, danser? Alors forcez le destin en participant au casting de la cinquième promotion de la Star Academy! Attention! Cette année, il n'y a plus de limite d'âge: à 17 ans et plus, venez à notre rencontre!
>
> Si vous avez un don pour le chant, si vous êtes libre de tout engagement discographique et si vous pouvez vous libérer pour une période de 4 mois d'ici à la fin de l'année, rejoignez-nous dans la ville la plus proche de chez vous et participez aux auditions de la prochaine émission de Star Academy. Ne ratez pas l'événement et inscrivez-vous dès à présent au 0 890 714 730 (0,15 euro/min).
>
> Lors de l'audition, présentez-vous avec:
> – Une pièce d'identité
> – Une photo récente
> – Préparez 2 chansons a cappella de votre choix que vous interpréterez devant le jury.

Entnimm der Webseite die folgenden Informationen und trage sie ein.

Mindestalter: _____

Höchstalter: _____

Dauer der Teilnahmeverpflichtung in Monaten: _____

Telefonnummer für Anmeldung: _____

Gebühr für telefonische Anmeldung (pro Min.): _____

Zum Vorsingen mitzubringende Dokumente: _____
_____

Anzahl der vorzutragenden Lieder: _____

6 GRAMMATIK   WORTSCHATZ   HÖRVERSTEHEN   **LESEVERSTEHEN**

Das Wesentliche verstehen

16 Cécile freut sich über ihren Erfolg als *star de demain* und liest mit besonderem Interesse den Lebenslauf bereits erfolgreicher Sängerinnen. Eine davon ist Vanessa Paradis. Lies den folgenden Text und bearbeite dann die Aufgabe dazu.

Née le 22 décembre 1972 à Paris, Vanessa Paradis connaît une enfance heureuse entre son père, PDG d'une miroiterie et sa mère qui en est la directrice. Vanessa est une enfant joyeuse qui aime chanter et danser. Son oncle, le comédien Didier Pain, remarque le joli brin de voix de la petite fille et propose à ses parents de la faire chanter dans la célèbre émission de Jacques Martin, «L'Ecole des fans», émission dans laquelle de jeunes enfants interprètent les chansons des principaux artistes français.

Le 3 mai 80, la petite Vanessa passe donc dans l'émission et choisit de chanter «Emilie Jolie» de Philippe Chatel. Ses parents n'ont pas vraiment envie que leur enfant devienne une petite chanteuse prodige et Vanessa retourne mener une tranquille vie de famille dans sa maison des bords de Marne. Cependant, l'année suivante, elle participe à Turin, au concours Eurovision des enfants. Mais sans résultat.

En 1985, Didier Pain fait enregistrer à Vanessa un 45 tours, «La magie des surprises-parties», qui ne sortira en fait jamais dans le commerce. A la même époque, Didier Pain emmène sa nièce dans un studio parisien où les compositeurs Etienne Roda-Gil et Franck Langolff sont en train de préparer l'enregistrement du disque de la comédienne Sophie Marceau. Au cours de la discussion, l'idée d'écrire une chanson pour Vanessa prend forme.

C'est ainsi que Roda-Gil, compositeur fétiche de Julien Clerc, et Langolff, qui a beaucoup écrit pour Renaud, composent conjointement un des titres phare de la chanson française des années 80 soit «Joe le taxi».

Le 45 tours sort le 27 avril 1987 et devient très vite un tube. Le 1er août, le titre est classé 1er du Top 50, principal classement français. A la fin de l'été, «Joe le taxi» s'est déjà vendu à 1 million d'exemplaires.

GRAMMATIK   WORTSCHATZ   HÖRVERSTEHEN   **LESEVERSTEHEN**   **6**

Welche der folgenden Aussagen ist richtig, welche falsch?

	richtig	falsch
1. Vanessa Paradis stammt aus Toulouse.	☐	☐
2. Sie tritt 1980 zum ersten Mal im Fernsehen auf.	☐	☐
3. Sie ist damals erst zehn Jahre alt.	☐	☐
4. Ihr Manager Didier Pain ist zugleich ihr Onkel.	☐	☐
5. Das erste Lied, das für Vanessa geschrieben und auch veröffentlicht wird, heißt „Joe le taxi".	☐	☐
6. Der Titel gelangt nie in die TOP 50.	☐	☐
7. 1987 werden 1 Million Platten mit diesem Lied verkauft.	☐	☐

95

Plattform 2 (Lektion 4 – 6)

Artikel

1 Neben dem unbestimmten und dem bestimmten Artikel kennst du inzwischen auch den Teilungsartikel und damit das gesamte französische Artikelsystem. Mache dir das System klar, indem du die Nomen richtig in die Übersicht einträgst.

Unbestimmter Artikel	Teilungsartikel	Bestimmter Artikel
assiette boissons bouteille verre (zählbar)	crème chantilly eau jus (nicht zählbar)	assiette boissons bouteille crème chantilly eau jus verre
un _____ une _____ une _____	du _____ de l' _____ de la _____	le _____ le _____ l' _____ l' _____ la _____ la _____
des _____		les _____

RÜCKBLICK **Plattform 2**

2 Da das französische Artikelsystem anders ist als das deutsche, musst du bei der Übersetzung besonders gut aufpassen. Vervollständige die folgenden Sätze, indem du die Ausdrücke in Klammern ins Französische übersetzt.

On va à _____ (das Fest)?

D'accord. On apporte _____ (Getränke)?

Comment? Il faut _____ (Geld).

Alors, on prépare _____ (Spiele)?

Il faut _____ (Zeit) pour ça – et je n'en ai pas.

Verben

3 Du hast inzwischen weitere Verben kennen gelernt, die Besonderheiten bei den Formen aufweisen. Erinnere dich an diese Verben, indem du die zweisprachige Tabelle vervollständigst.

	applaudir
beenden	
	préférer
gelingen	
	croire
lachen	
	réfléchir
(an)rufen	
	choisir
wiederholen	

97

Plattform 2 RÜCKBLICK

4 Setze die folgenden Verben in die angegebenen Präsensformen.

applaudir   j' _____   nous _____

choisir   je _____   nous _____

croire   je _____   nous _____

préférer   je _____   nous _____

réfléchir   je _____   nous _____

5 Bilde nun die jeweilige Form im Passé composé.

applaudir   nous _____ _____

choisir   elle _____ _____

croire   vous _____ _____

préférer   tu _____ _____

réfléchir   ils _____ _____

Verbanschlüsse

6 Es ist nicht nur wichtig zu wissen, wie ein Verb konjugiert wird, sondern auch, wie es nach dem Verb weitergeht. Häufig heißt die Frage: *à* oder *de*? Trage die richtige Präposition ein: *à, de* oder *d'*.

Fabien pense souvent _____ Emma, même quand il est en train _____

jouer au rugby. Il a très envie _____ sortir avec elle. Il demande _____

Emma quand elle a du temps. Mais elle commence _____ réfléchir.

Elle a peur _____ avoir des problèmes à l'école. Elle veut aussi continuer

_____ voir tous ses copains. Elle parle _____ Fabien à sa copine.

RÜCKBLICK **Plattform 2**

Präpositionen

7 Neben *à* und *de* kennst du weitere Präpositionen. Vervollständige die Übersicht.

Französisch	Deutsch
	nach
	vor (zeitlich)
avec	
chez	
contre	
dans	
depuis	
	hinter
	vor (örtlich)
	in/mit
	bis
pendant	
	für
sans	
sauf	
	unter
	über/auf

Plattform 2 RÜCKBLICK

Räumliche Orientierung

8 Die Handlung der Lektionen 4 bis 6 findet an verschiedenen Orten statt: in der Schule, zu Hause und in der Stadt. Du kennst schon recht viele Nomen, um diese Orte der Handlung genauer zu beschreiben. Erinnere dich an sie, indem du die drei Listen vervollständigst.

Collège	Schule
une c	eine Kantine
un C	eine Mediathek
une c	ein (Schul)Hof
un g	eine Turnhalle
une s de c	ein Klassenzimmer
une s de p	ein Aufenthaltsraum

Maison	Haus
une c	ein Keller
une c	ein Schlafzimmer
une c	eine Küche
un j	ein Garten
une p	ein Zimmer
une s de b	ein Badezimmer
une s à m	ein Esszimmer
les W	die Toilette

RÜCKBLICK Plattform 2

Ville	Stadt
une b	eine Bibliothek
un c	ein Kino
une g	ein Bahnhof
un m	ein Geschäft/Laden
un m	ein Markt
une p	ein Platz
une r	eine Straße
un s	eine (kleine) Grünanlage
un s	ein Supermarkt

9 Was wird beschrieben? Die gesuchten Wörter findest du in den Listen von Übung 8. Trage ein.

Les élèves doivent travailler sans prof dans cette pièce. _____

On va là pour acheter des fruits et légumes et discuter avec le marchand. _____

La pièce où on dort. _____

Les élèves vont là pour la récréation. _____

Les trains partent et arrivent là. _____

La pièce où on prend les repas en famille. _____

101

Plattform 2 RÜCKBLICK

Fähigkeiten *(savoir faire qc)*

10 Um auszudrücken, dass jemand eine bestimmte Fähigkeit hat, benutzt man im Französischen den Ausdruck *savoir faire qc*. Du kennst inzwischen die verschiedenen Fähigkeiten der Personen aus „Découvertes". Was können sie? Füge die Satzbausteine so zusammen, dass richtige Aussagen entstehen.

Beispiel: Mme Carbonne sait refaire la peinture de la porte.

| M. Carbonne / Cécile / Christian Beckmann / Mme Bertaud / Emma / Fabien / Valentin | chanter / utiliser un ordinateur / jouer au rugby / jouer du piano / parler français et allemand / réparer des Airbus / expliquer la grammaire allemande |

11 Aber nicht alle können alles. Übersetze und achte besonders auf die Stellung der Verneinungswörter.

Fabien kann nicht singen.

M. Carbonne kann nicht Deutsch sprechen.

Mäuse können nicht lesen und schreiben.

EINBLICK   **Plattform 2**

Konjunktionen

12   Konjunktionen sind Bindewörter. Sie verbinden Sätze und Satzglieder. Verschaffe dir einen Überblick, welche französischen Konjunktionen du bereits kennst. Unterstreiche sie im folgenden Text und übertrage sie dann in die Übersicht.

Cécile et Fabien aident souvent leurs parents. Le soir, ils mettent la table ou ils préparent la salade. Aujourd'hui, Fabien a fait un gâteau, mais il a mis trop de sucre. Sa mère dit que ce n'est pas grave, parce qu'il y a déjà assez à manger sur la table. Quand M. Chapuis arrive, ils commencent à manger tout de suite, car ils ont tous très faim. Comme il y a un bon film ce soir, ils mangent le dessert devant la télé. Ils sont en train de regarder la fin quand le téléphone sonne …

	aber
	als
	da
	dass
	denn
	oder
	und
	weil

Plattform 2 EINBLICK

13 Setze nun die passenden Konjunktionen in den Lückentext ein.

_____ le bus arrive, les élèves sont contents.

Ils montent vite dans le bus, _____ les cours commencent dans un quart d'heure.

En été, Emma prend souvent le vélo _____ les rollers pour aller au collège.

Elle trouve _____ c'est bon pour sa forme.

_____ il pleut aujourd'hui, Emma a préféré prendre le bus.

Sa copine Cécile est déjà dans le bus, _____ elle dort encore.

Briefe schreiben

14 Bei offiziellen Briefen ist manches anders als bei Privatbriefen. Hier eine Übersicht zu den festen Bestandteilen eines offiziellen Briefs.

die Datumszeile	Toulouse, le 10 septembre 2007
die Betreffzeile	Objet: …
die Anrede	Mesdames, Messieurs, / Madame, Monsieur,
der Dank für Rückmeldung	Merci d'avance pour votre réponse.
die Schlussformel	Meilleurs sentiments / Salutations cordiales

EINBLICK **Plattform 2**

Stell dir vor, deine Eltern möchten mit dir auf der Durchreise nach Spanien in Toulouse Station machen, um die Stadt des Airbus zu entdecken. Da sie kein Französisch können, schreibst du den Brief an das Fremdenverkehrsbüro. Trage den Text in die rechte Spalte ein.

Berlin, den 15. Juni 2008	
Betreff: Hotels in Toulouse	
Sehr geehrte Damen und Herren	
Wir werden im Juli ein oder zwei Tage in Toulouse verbringen.	
Wir suchen ein Hotel in der Stadt.	
Wir sind drei Personen und können bis 80 Euro für das Zimmer bezahlen.	
Können Sie uns eine Liste der Hotels schicken?	
Vielen Dank im Voraus für Ihre Antwort!	
Mit freundlichen Grüßen	

Plattform 2 AUSBLICK

Diktat: Le métier de rêve 🎵 20

15 Schreibe das Diktat. Du findest es auf der CD. Dann vergleiche deine Fassung mit der Lösung im Lösungsteil. Markiere die Fehler und schreibe die falschen Stellen einmal richtig, damit sich die richtige Schreibweise einprägt.

Übersetzung: La fête d'anniversaire

16 Übersetze.

Magalie Chapuis feiert ihren Geburtstag. Sie wird (= hat) heute vierzig (Jahre). Ihre Kinder haben ihr ein Geburtstagsessen vorbereitet. Mme Chapuis hat nichts zu tun. Sie kann mit ihrem Vater Fahrrad fahren, und ihre Kinder und ihr Mann decken den Tisch im Garten. Als sie ankommt, ist alles fertig. Auf dem Kuchen sind dreißig Kerzen. Das ist falsch, aber sympathisch. Und der Kuchen kommt von Fabien? Ist das wahr?

Fotoalbum: Trop de sel!

17 Sieh dir die Bilderfolge an und denke dir dazu eine Geschichte aus. Berichte aus der Sicht des Mädchens, dem das Fotoalbum gehört. Schreibe pro Bild mindestens einen Satz im Passé composé.

AUSBLICK **Plattform 2**

_____
_____
_____

_____
_____
_____

_____
_____
_____

_____
_____
_____

_____
_____
_____

LEKTION 7

Die Fragen mit *qui est-ce qui* usw.

> Mit *Qui est-ce qui* fragt man nach Personen, die Subjekt sind („Wer?"). Mit *Qui est-ce que* fragt man nach Personen, die direktes Objekt sind („Wen?").
>
> **Qui** est-ce **qui** chante sur la scène?   **Wer** singt auf der Bühne?
> **Qui** est-ce **que** Cécile appelle?   **Wen** ruft Cécile an?
>
> Mit *Qu'est-ce qui* fragt man nach Sachen, die Subjekt sind („Was?"). Mit *Qu'est-ce que* fragt man nach Sachen, die direktes Objekt sind („Was?").
>
> **Qu'**est-ce **qui** plaît à Fabien?   **Was** gefällt Fabien?
> **Qu'**est-ce **que** Fabien aime écouter?   **Was** hört Fabien gern?

1   Setze das passende Wort in die Lücke.

_____ est-ce qui joue bien au rugby? Fabien.   Qui   Qu'

_____ est-ce qui t'intéresse comme sport? Le rugby.   Qui   Qu'

_____ est-ce que tu fais ce soir? Je sors avec Luc.   Qui   Qu'

_____ est-ce que tu aimes comme prof? Mme Bajot.   Qui   Qu'

2   Setze das passende Wort in die Lücke.

Qu'est-ce _____ te plaît comme musique? Le rap.   qui   que

Qui est-ce _____ tu invites à ta fête? Tous mes amis.   qui   que

Qu'est-ce _____ tu prépares ? Du canard à l'orange.   qui   que

Qui est-ce _____ va faire le gâteau? Fabien.   qui   que

| GRAMMATIK | WORTSCHATZ | HÖRVERSTEHEN | LESEVERSTEHEN |

7

3 Übersetze.

Was singst du?

___

Wer wird den ersten Preis gewinnen?

___

Wen siehst du in der Menge?

___

Was gefällt dir als Lied?

___

 Vorne fragt *Qui* immer nach Personen,
Que immer nach Sachen.
Hinten fragt *qui* immer nach dem Subjekt,
que immer nach dem direkten Objekt.

Die unverbundenen Personalpronomen

Die unverbundenen Personalpronomen stehen in verkürzten Sätzen ohne Verb *(Toi!)* oder nach Präpositionen *(avec lui, avec eux)*.
Zusammen mit verbundenen Personalpronomen *(Eux, ils …)* oder Nomen *(Valentin, lui …)* dienen sie der Hervorhebung.

Qui vient ce soir? **Moi!**	Wer kommt heute Abend? Ich!
Qui vient avec **toi**? Nicolas. Il est très drôle, **lui**.	Und wer kommt mit dir? Nicolas. Er ist sehr lustig.
Et Fabien et Marc? **Eux**, ils ne peuvent pas venir.	Und Fabien und Marc? Sie können nicht kommen.

109

7 GRAMMATIK   WORTSCHATZ   HÖRVERSTEHEN   LESEVERSTEHEN

4 Trage das passende Personalpronomen ein.

_____, _____ sais qui va jouer dans le film? (dt. „du")

Non. Mais ce n'est pas _____. Fabien, peut-être. (dt. „ich")

_____, _____ ne peut pas. _____ a un match de rugby. (dt. „er")

_____ n'aime pas les joueurs de rugby. (dt. „ich")

Avec _____, on ne peut jamais rien faire. (dt. „ihnen")

Tipp   Alle unverbundenen Personalpronomen auf einen Blick:

moi	nous
toi	vous
lui / elle	eux [ø] / elles

Nur bei einigen unverbundenen Personalpronomen gibt es besondere Formen; andere sind mit den verbundenen Personalpronomen identisch.

Die Hervorhebung mit *c'est ... qui/que*

Mit *c'est ... qui* wird das Subjekt eines Satzes hervorgehoben. Anders als im Deutschen richtet sich das Verb bei der Hervorhebung der 1. und 2. Person im Singular und Plural *(moi, toi, nous, vous)* nach dem Subjektpronomen.

C'est ma copine **qui** fête son anniversaire.   **Meine** Freundin …
C'est **moi qui suis** invité.   **Ich** bin eingeladen.
C'est **vous qui restez** à la maison.   **Ihr** bleibt zu Hause.

Direkte und indirekte Objekte *(Manon, à Emma)* sowie adverbiale Bestimmungen *(ici)* werden mit *c'est ... que* hervorgehoben.

C'est demain **que** ta copine va faire la fête?   Wird **morgen** …?
Oui. Et **c'est** dans son jardin **qu'**on va manger et danser.   Ja. Und in ihrem **Garten** werden wir …
Elle a invité Fabien?
Non, **c'est** Nicolas **qu'**elle a invité.   … hat **Nicolas** eingeladen.

GRAMMATIK   WORTSCHATZ   HÖRVERSTEHEN   LESEVERSTEHEN   **7**

5   Vervollständige die Sätze.

Manon ne trouve pas de copine à Blagnac?

Non, c'est Valentin _____ ne trouve pas de copain.

Cécile va chanter vendredi?

Non, c'est samedi _____ Cécile va chanter.

Fabien a fait le gâteau?

Non, c'est à la pâtisserie _____ il a acheté le gâteau.

Il a mis trop de sucre dans son gâteau?

Non, c'est trop de sel _____ il a mis dans son gâteau.

La télévision l'intéresse?

Non, mais c'est le Tour de France _____ l'intéresse.

6   Vervollständige die Sätze.

C'est moi qui _____ malade.   (être)

Mais c'est toi qui _____ le médecin.   (appeler)

C'est nous qui _____ le travail.   (faire)

Mais c'est vous qui _____ le prix.   (recevoir)

111

7 GRAMMATIK WORTSCHATZ HÖRVERSTEHEN LESEVERSTEHEN

Das Verb *conduire*

conduire	(ein Auto) fahren
je conduis	ich fahre
tu conduis	du fährst
il/elle/on conduit	er/sie/man fährt
nous conduisons	wir fahren
vous conduisez	ihr fahrt
ils/elles conduisent	sie fahren

Passé composé: j'ai conduit

Genauso: construire — bauen

7 Vervollständige die Formen von *conduire*.

	l	c					t		o	u						z	
			s	c	o				s		t		c			i	s
n		s	c		d			o			j						s

8 Vervollständige die Übersicht mit Verbformen im Präsens.

Infinitiv	1. Person Singular	1. Person Plural
appeler		
conduire		
connaître		
construire		
croire		
finir		
préférer		
rire		

| GRAMMATIK | WORTSCHATZ | HÖRVERSTEHEN | LESEVERSTEHEN | **7** |

Die reflexiven Verben

Die reflexiven Verben haben immer ein Reflexivpronomen bei sich *(me, te se, nous, vous, se)*. Vor Vokal oder stummem *h* werden *me, te, se* zu *m', t', s'* verkürzt.

se cacher	**sich** verstecken
je **me** cache	ich verstecke **mich**
tu **te** caches	du versteckst **dich**
il/elle/on **se** cache	er/sie/man versteckt **sich**
nous **nous** cachons	wir verstecken **uns**
vous **vous** cachez	ihr versteckt **euch**
ils/elles **se** cachent	sie verstecken **sich**

Die Verneinung schließt die Reflexivpronomen mit ein. Bei der Verneinung gelten die gleichen Stellungsregeln wie für die Objektpronomen *(le, la, les …)*.

Vous vous cachez? Versteckt ihr euch?
Non, nous **ne** nous cachons **pas**. Nein, wir verstecken uns **nicht**.

9 Trage die passenden Präsensformen der reflexiven Verben ein.

se cacher   tu   _____ _____

s'éloigner   vous _____ _____

se trouver   ils   _____ _____

s'amuser   je   _____ _____

se demander   elle _____ _____

se disputer   nous _____ _____

7

GRAMMATIK WORTSCHATZ HÖRVERSTEHEN LESEVERSTEHEN

10 Verneine die folgenden Sätze.

Nous nous disputons tous les jours.

_____

Elle se cache derrière ses parents.

_____

Je me trouve devant le cinéma.

_____

Vous vous éloignez de vos amis.

_____

Ils se promènent en ville.

_____

Tu te lèves tard le matin.

_____

Die reflexiven Verben: Das Passé composé

Das Passé composé der reflexiven Verben wird mit *être* + Participe passé gebildet. Achte also beim Passé composé besonders auf die Endungen.

Valentin s'est cach**é**. Valentin hat sich versteckt.

Manon s'est cach**ée**. Manon hat sich versteckt.

Valentin et Manon se sont cach**és**. Valentin und Manon haben sich versteckt.

Emma et Manon se sont cach**ées**. Emma und Manon haben sich versteckt.

11 Ergänze die fehlende Endung.

Cécile s'est cach_____ .

Ses copines se sont promen_____ .

Nicolas et Fabien se sont disput_____ .

M. et Mme Chapuis se sont amus_____ .

La journée s'est bien pass_____ .

7

GRAMMATIK **WORTSCHATZ** HÖRVERSTEHEN LESEVERSTEHEN

Natur und Landschaft

12 Lektion 7 spielt sich zu einem großen Teil in der Natur ab – Gelegenheit, besonders auf Wörter aus dem Bereich von Natur und Landschaft zu achten und sie sich einzuprägen. Tu dies, indem du die Übersicht vervollständigst.

Französisch	Deutsch
un arbre	
	das Land (im Gegensatz zur Stadt)
un chemin	
	ein Blatt
une forêt	
	ein Garten
la mer	
	ein Berg/Gebirge
la nature	
	ein Park
une région	
	ein Campingplatz
la terre	
	ein Dorf

7

| GRAMMATIK | **WORTSCHATZ** | HÖRVERSTEHEN | LESEVERSTEHEN |

Tiere

13 In der Natur begegnen dir häufig Tiere – und du kannst inzwischen viele von ihnen auf Französisch benennen. Fülle die Felder des Rätsels aus. Die vorgegebenen Buchstaben helfen dir bei der Suche.

Hahn — c
Katze — t
Bär — o
Hund — e
Huhn/Henne — p
Kuh — v
Tier —
Ente — c
Vogel — e a u
Maus — s s
Fisch — p s s
Spinne — a r e

14 Um dir die Tiernamen gut zu merken, hilft es, sich an die Geschichten im Schulbuch zu erinnern. Setze die passenden Namen ein und achte auf den richtigen Artikel.

Le cadeau de Victor et de sa famille pour la grand-mère à Rombly, c'est

_____ _____ .

Filou est _____ _____ de Mme Salomon.

Pour le repas d'anniversaire de Magalie Chapuis, il y a _____ _____ à l'orange.

Zoé Bajot pleure parce qu'elle a peur des _____ .

Manon aime regarder _____ _____ à l'aquarium.

7 WORTSCHATZ

Das Wetter

15 Du hast in dieser Lektion viele Ausdrücke über das Wetter kennen gelernt. Schreibe die deutschen Entsprechungen hinter die französischen Ausdrücke.

ein Blitz – der Donner – es ist kalt – es ist schönes Wetter – es ist sonnig – es ist warm/heiß – es regnet – ein Gewitter – der Regen – das Wetter – die Wettervorhersage – der Wind

la météo	_____	il fait beau	_____
la pluie	_____		
le temps	_____	il y a du soleil	_____
le vent	_____	il fait chaud	_____
le tonnerre	_____		
un orage	_____	il fait froid	_____
un éclair	_____	il pleut	_____

16 Übersetze.

Heute ist es sonnig. _____

Es regnet nicht. _____

Aber es gibt Wind. _____

Ich finde, dass das Wetter schön ist.

_____

Aber für morgen kündigt die Wettervorhersage Regen an.

_____

| GRAMMATIK | WORTSCHATZ | **HÖRVERSTEHEN** | LESEVERSTEHEN |

Hören und verstehen 🎧 21

17 Höre genau hin. Die folgenden Aussagen zu Lektion 7 sind teilweise richtig und teilweise falsch. Kreuze an.

1. ☐ richtig ☐ falsch 5. ☐ richtig ☐ falsch
2. ☐ richtig ☐ falsch 6. ☐ richtig ☐ falsch
3. ☐ richtig ☐ falsch 7. ☐ richtig ☐ falsch
4. ☐ richtig ☐ falsch 8. ☐ richtig ☐ falsch

Hören und nachsprechen 🎧 22

18 Höre dir die folgenden Sätze an und sprich sie nach. Bei den Lösungen kannst du den Text nachlesen.

Hören und schreiben 🎧 23

19 Du hörst den vollständigen Text, aber du hast nur eine unvollständige Mitschrift. Vervollständige sie.

_____ ____ _____ , des gros nuages noirs _____.

Les Bajot et les Carbonne ____ _____ _____ _____

au parc «Chloro'fil». Mais _____ _____ Fabien? Il __ _____

le groupe _____ ____' ____ _____ jaloux de Victor. Les hommes

cherchent le garçon, _____ _____, ils ne le trouvent pas. Puis,

M. Bajot ____ _____ _____ ____ _____. Fabien a mal à la

jambe parce qu'il est tombé dans un trou. ____ ____ _____ _____

bouger et il crie ____ _____. Alors, M. Carbonne appelle une

ambulance _____ _____ _____ minutes _____.

A l'hôpital, le médecin _____ que Fabien a la jambe cassée.

____ _____ _____ un plâtre et lui _____ des béquilles. Le rugby,

____ ____'_____ _____ pour _____.

7 GRAMMATIK WORTSCHATZ HÖRVERSTEHEN **LESEVERSTEHEN**

Informationen heraussuchen

20 Du möchtest mehr über den Nationalpark in den Pyrenäen erfahren, in dem die Lektion 7 spielt, und siehst im Internet nach.

Parc national des Pyrénées

Déployé sur plus de 10 km d'est en ouest, le parc national des Pyrénées offre un condensé rêvé des richesses spécifiques aux Pyrénées. On y recense ainsi 6000 isards, 6 ours, 12 couples de gypaètes barbus, etc.

Troisième parc national créé en France, le parc national des Pyrénées a été fondé en mars 1967. Situés en haute altitude et adossés à la frontière espagnole sur près de 100 km, ses 45 700 ha jouxtent les 15 608 ha du parc national d'Ordesa-Mont Perdu (créé en 1918, agrandi en 1982) et près de 100 000 ha de réserves nationales de chasse espagnoles.

Le parc national se situe pour un tiers dans la région Aquitaine, où il englobe la quasi-totalité des vallées béarnaises d'Aspe et d'Ossau, et pour deux tiers dans la région Midi-Pyrénées, englobant l'ensemble de la vallée des Gaves (vallées d'Azun, de Cauterets et de Luz-Barèges) et la partie haute de la rive gauche de la vallée d'Aure, le haut de la vallée de Campan étant inclus dans la zone périphérique.

Argelès-Gazost et Arudy, les deux bourgs des vallées du Béarn et de la Bigorre, sont inclus dans l'espace du parc, les grosses agglomérations (Pau, Tarbes, Oloron, Bagnères-de-Bigorre) se situant entre 20 et 50 kilomètres de la zone du parc, Toulouse et Bordeaux, les deux métropoles régionales, étant à moins de deux heures de route.

GRAMMATIK   WORTSCHATZ   HÖRVERSTEHEN   LESEVERSTEHEN   7

Beantworte die folgenden Fragen.

1. Wie breit ist der Park in west-östlicher Richtung?

2. Wie viele Bären leben in dem Park?

3. Wann wurde der Park gegründet?

4. Wie heißen die beiden Regionen Frankreichs, zu denen der Park gehört?

5. Wie heißt der andere kleine Ort neben Argelès-Gazost, der im Park selbst liegt?

6. Wie weit sind Pau und Tarbes vom Park entfernt?

7   GRAMMATIK   WORTSCHATZ   HÖRVERSTEHEN   **LESEVERSTEHEN**

Das Wesentliche verstehen

21 Emma sagt Fabien, dass sie mit Victor nur eine harmlose Freundschaft, nicht Liebe, verbindet. Aber ist bloße Freundschaft zwischen Mädchen und Jungen möglich? Lies die drei Beiträge.

DÉBATS EN COURS

L'amitié fille-garçon: possible ou impossible?

Coucou tout le monde, je suis une fille et je ne m'entends pas du tout avec les autres filles de mon âge. Je n'aime pas me maquiller, me faire belle quoi. Les garçons c'est simple; ça ne passe pas 2 heures devant la glace tous les matins (à part les exceptions qui confirment la règle). Tous mes amis sont des garçons et j'en suis fière. Cela n'empêche pas de tomber amoureuse … contrairement à certains avis. Mais cela fait mal lorsque que c'est avec un ami, surtout quand celui-ci ne voit rien d'autre que de l'amitié.

Marine, 13 ans

Je dis que ce n'est pas impossible du tout, c'est même rationnel! D'ailleurs ma meilleure amie était une fille mais il n'y a pas très longtemps, je suis tombé amoureux d'elle et elle m'a complètement rejeté! Ce que je veux dire par là c'est que tôt ou tard, il va falloir s'attendre à des attirances (amour ou même allant jusqu'au sexe) et qu' une amitié comme celle-là ne dure jamais éternellement !

Le Bigboss – 13 ans – Ile de la Réunion

L'amitié fille/garçon est impossible!! Je l'ai vécu et je peux vous dire que cela prend vite une autre tournure malgré les précautions prises. Je suis restée 4 ans mais avec 1 gars et au bout de 4 ans, ça a vite tourné en amour, et cela fait 9 mois que nous sommes ensemble. Au bout d'un certain temps, l'un tombe forcément amoureux de l'autre. Bisous à tous et bonne réflexion!!!!

Alexandra, de Martinique

GRAMMATIK   WORTSCHATZ   HÖRVERSTEHEN   LESEVERSTEHEN   7

Welche der folgenden Aussagen ist richtig, welche falsch?

	richtig	falsch
1. Der Freundeskreis von Marine besteht nur aus Jungen.	☐	☐
2. Marine macht sich gern schön.	☐	☐
3. Sie hat sich schon manchmal in einen Jungen aus ihrem Freundeskreis verliebt.	☐	☐
4. Le Bigboss hat sich in eine gute Freundin verliebt.	☐	☐
5. Sie erwidert seine Gefühle und die beiden sind seitdem ein Paar.	☐	☐
6. Alexandra glaubt, dass eine Dauerfreundschaft zwischen Jungen und Mädchen nicht möglich ist.	☐	☐
7. Als ihr guter Freund sich in sie verliebt hat, hat sie ihn zurückgewiesen.	☐	☐

LEKTION 8

Die Steigerung der Adjektive

Der Komparativ („größer", „kleiner" / „weniger groß") wird gebildet, indem man *plus* oder *moins* vor das Adjektiv stellt.
Die Gleichheit („genauso groß wie") wird ausgedrückt, indem man *aussi* vor das Adjektiv setzt.
Das Bezugswort des Vergleichs wird immer durch *que* angeschlossen (deutsch „als" und „wie").

M. Carbonne est **plus** grand **que** Mme Carbonne.	… größer als …
Emma est **aussi** grande **que** Valentin.	… genauso groß wie …
Les enfants sont **moins** grands **que** leurs parents.	… weniger groß als …

Der Superlativ wird gebildet, indem man den bestimmten Artikel vor den Komparativ setzt. Das Adjektiv steht beim Superlativ in der Regel nach dem Nomen.

Victor est **le** copain **le plus sympa** de Paris.	… der netteste Freund …
Zoé est **la** fille **la plus fatiguée** du groupe.	… das müdeste Mädchen …
Fabien est **le** garçon **le moins content**.	… am wenigsten glückliche Junge …

Das Adjektiv *bon* hat eine besondere Steigerungsform (ohne *plus*).

Victor est **bon** en allemand.	bon, bonne	gut
Emma est **meilleure**.	meilleur,e	besser
Mais Christian est **le meilleur**.	le/la meilleur,e	der/die beste

124

GRAMMATIK WORTSCHATZ HÖRVERSTEHEN LESEVERSTEHEN

1 Bilde aus den Bausteinen richtige Sätze mit Komparativ.

est / Paris / Toulouse / petit / plus / que

_____

en / est / Fabien / meilleur / que / rugby / sa sœur

_____

Cécile / en / est / frère / meilleure / musique / que / son

_____

Fabien / drôle / est / moins / que / Victor

_____

aussi / Magalie Chapuis / est / mari / que / son / sportive

_____

2 Übersetze.

Manon ist jünger als Valentin.

_____

Fabien ist genauso jung wie Emma.

_____

Die Sänger von Zen Zila sind weniger jung als Cécile und Emma.

_____

_____

8 GRAMMATIK | WORTSCHATZ | HÖRVERSTEHEN | LESEVERSTEHEN

Unsere Stadt ist schöner als eure Stadt.

_____

Mein Kleid ist weniger hübsch als dein Kleid.

_____

Deine Freunde sind genauso sportlich wie meine Freunde.

_____

3 Bilde aus den Bausteinen richtige Sätze mit Superlativ.

Mme Chapuis: «dangereux / est / le / le / le / plus / rugby / sport»

_____

_____

Nicolas: «Cécile / classe / de / est / fille / jolie / la / la / plus / ma»

_____

_____

Fabien: «copain / d' / Emma / est / le / le / moins / sympa / Victor»

_____

_____

M. Philibert: «année / de / est / groupe / intéressant / l' / le / le / plus / Zen Zila»

_____

_____

| GRAMMATIK | WORTSCHATZ | HÖRVERSTEHEN | LESEVERSTEHEN |

4 Übersetze. Zweimal gibt es zwei richtige Lösungen.

die wichtigsten Bücher

___

das schwierigste Problem

___

die verrückteste Frage

___

das größte Fest

___

___

das schönste Geschenk

___

 Tipp Bei Adjektiven, die normalerweise **vor** dem Nomen stehen, z. B. *grand*, kann auch der Superlativ vor dem Nomen stehen:

Berlin est la ville la plus grande d'Allemagne.

aber auch:

Berlin est la plus grande ville d'Allemagne.

8 GRAMMATIK   WORTSCHATZ   HÖRVERSTEHEN   LESEVERSTEHEN

Die Bildung des Imparfait

> Das Imparfait wird aus dem Stamm der 1. Person Plural Präsens gebildet. An diesen Stamm hängt man die Endungen *-ais, -ais, -ait, -ions, -iez, -aient*.
>
> (nous **port**ons)   (nous **connaiss**ons)   (nous **pren**ons)
>
> je port**ais**   je connaiss**ais**   je pren**ais**
> tu port**ais**   tu connaiss**ais**   tu pren**ais**
> il/elle/on port**ait**   il/elle/on connaiss**ait**   il/elle/on pren**ait**
> nous port**ions**   nous connaiss**ions**   nous pren**ions**
> vous port**iez**   vous connaiss**iez**   vous pren**iez**
> ils/elles port**aient**   ils/elles connaiss**aient**   ils/elles pren**aient**

5 Trage die beiden Verbformen ein.

Infinitiv	1. Pers. Pl. Präsens	1. Pers. Sg. Imparfait
appeler		
conduire		
croire		
finir		
répéter		
sortir		

Es gibt nur wenige Ausnahmen von der Bildungsregel. Ausnahmen sind:

être → j'étais; falloir → il fallait; pleuvoir → il pleuvait

| | GRAMMATIK | WORTSCHATZ | HÖRVERSTEHEN | LESEVERSTEHEN | **8** |

6 Setze die jeweilige Verbform ins Imparfait.

tu vois _____ _____

elles construisent _____ _____

vous buvez _____ _____

elle fait _____ _____

je vais _____ _____

nous partons _____ _____

il réfléchit _____ _____

ils dorment _____ _____

7 Verschaffe dir einen Überblick über die verschiedenen Zeitformen, indem du die Tabelle vervollständigst.

Infinitiv	regarder	avoir
1. Pers. Sg. Präsens		
1. Pers. Sg. Passé composé		
1. Pers. Sg. Imparfait		
1. Pers. Sg. Futur composé		

8 Erkenne, von welchem Verb die jeweilige Imparfait-Form abstammt, und schreibe den Infinitiv und dessen deutsche Übersetzung dazu.

je vivais _____ _____   nous venions _____ _____

tu voulais _____ _____   vous vendiez _____ _____

elle voyait _____ _____   ils volaient _____ _____

129

8 GRAMMATIK WORTSCHATZ HÖRVERSTEHEN LESEVERSTEHEN

Der Gebrauch des Imparfait und des Passé composé

Das Imparfait beschreibt Zustände und gewohnheitsmäßige Handlungen in der Vergangenheit. Das Imparfait steht, wenn man fragen kann: Was war damals? Was geschah damals häufig oder regelmäßig?
Einmalige Handlungen und Handlungsketten stehen im Passé composé.
Sie werden als zeitlich begrenzt betrachtet.

Qu'est-ce que tu **faisais** le soir quand tu **étais** jeune, mamie?
Je **travaillais** pour l'école et je **jouais** à des jeux avec mes frères et mes sœurs.

Comment est-ce que tu **as fait** pour trouver la maison?
D'abord, j'**ai regardé** le plan de la ville. Puis, dans ta rue, j'**ai demandé** à tes voisins.

9 Setze die folgende Geschichte in die Vergangenheit. Verwende das Imparfait oder das Passé composé.

Au parc Chloro'fil, Fabien est en colère.

_____

Emma s'amuse trop avec Victor.

_____

Alors, Fabien quitte le groupe et il commence à courir.

_____

Tout à coup, il tombe dans un trou.

_____

Puis, sa jambe lui fait mal.

_____

Pendant tout ce temps, ses amis se demandent où il est.

_____

| GRAMMATIK | **WORTSCHATZ** | HÖRVERSTEHEN | LESEVERSTEHEN | **8** |

Verbpaare

10 Verben kannst du dir paarweise gut einprägen, wenn sie die entgegengesetzte Handlung beschreiben. Ergänze die folgende Übersicht.

Französisch	Deutsch	Französisch	Deutsch
arriver		p	
cacher		m	
commencer		f	
demander		r	
devenir		r	
donner		p	
écrire		l	
envoyer		r	
fermer		o	
raconter		é	

131

GRAMMATIK | **WORTSCHATZ** | HÖRVERSTEHEN | LESEVERSTEHEN

11 Übersetze.

Er hat ihr einen Brief geschickt. _____

Sie erhält ihn heute. _____

Sie hat die Tür geöffnet. _____

Aber sie schließt sie nicht. _____

Du hast das Geschenk versteckt. _____

Warum zeigst du es nicht? _____

Personenbeschreibung

12 In dieser Lektion entdecken Emma, Cécile und M. Philibert die Gruppe Zen Zila und damit neben neuer Musik auch neue Personen. Um über Menschen reden zu können, braucht man viele Wörter. Das beginnt mit dem äußeren Eindruck. Dazu gehören die Körperteile. Ergänze die Tabelle.

Französisch	Deutsch
la tête	
	ein Haar / Haare
un œil / des yeux	
	die Kehle
un bras	
	der Rücken
le ventre	
	ein Bein
un pied	

132

| GRAMMATIK | **WORTSCHATZ** | HÖRVERSTEHEN | LESEVERSTEHEN |

8

13 Willst du eine Person beschreiben, verwendest du Adjektive. Stelle sie aus dem Buchstabensalat wieder her und übersetze sie. Der erste Buchstabe ist richtig vorgegeben.

baeu _____ _____

gadnr _____ _____

gors _____ _____

jilo _____ _____

mginno _____ _____

mcein _____ _____

peitt _____ _____

sfioprt _____ _____

14 Die Adjektive müssen natürlich in der Form an das Bezugswort angepasst werden. Übersetze. Beachte dabei, ob das Adjektiv vor- oder nachgestellt wird.

die hübschen Mädchen _____

sportliche Freunde _____

eine niedliche Schwester _____

meine kleinen Brüder _____

zwei große Sänger _____

die schöne Frau _____

der dicke Junge _____

133

8 GRAMMATIK | **WORTSCHATZ** | HÖRVERSTEHEN | LESEVERSTEHEN

Das Innenleben einer Person

15 Neben der äußeren Erscheinung interessiert dich an deinen Mitmenschen ihr Innenleben, also ihr Charakter und ihre Stimmungen. Inzwischen hast du schon viele Wörter gelernt, um dies auszudrücken. Trage die französischen Wörter ein. Der erste Buchstabe ist vorgegeben.

deutsch	Anfangsbuchstabe
verliebt	a
dumm	b
merkwürdig	b
neugierig	c
schwierig	d
lustig	d
verrückt	f
glücklich	h
eifersüchtig	j
traurig	t
schüchtern	t

16 Diese Adjektive müssen im Satzzusammenhang an das Bezugswort angepasst und an die richtige Stelle gesetzt werden. Übersetze.

die eifersüchtigen Freundinnen _____

traurige Eltern _____

ein merkwürdiger Lehrer _____

neugierige Nachbarinnen _____

eine verrückte Schauspielerin _____

drei schüchterne Jungen _____

| GRAMMATIK | WORTSCHATZ | **HÖRVERSTEHEN** | LESEVERSTEHEN | **8** |

Hören und verstehen 🎧 24

17 Höre genau hin. Die folgenden Aussagen zu Lektion 8 sind teilweise richtig und teilweise falsch. Kreuze an.

1. ☐ richtig ☐ falsch   5. ☐ richtig ☐ falsch
2. ☐ richtig ☐ falsch   6. ☐ richtig ☐ falsch
3. ☐ richtig ☐ falsch   7. ☐ richtig ☐ falsch
4. ☐ richtig ☐ falsch   8. ☐ richtig ☐ falsch

Hören und nachsprechen 🎧 25

18 Höre dir die folgenden Sätze an und sprich sie nach. Bei den Lösungen kannst du den Text nachlesen.

Hören und schreiben 🎧 26

19 Du hörst den vollständigen Text, aber du hast nur eine unvollständige Mitschrift. Vervollständige sie.

M. Philibert __ _____ Zen Zila au collège. Wahid et Laurent

_____ _____ __'_____ tout de suite. M. Philibert est content,

et ses élèves _____ _____ _____ _____.

Emma pose des questions à Wahid et Laurent _____ _____

_____ _____ ____ _____ du collège. Les

deux _____ de Lyon, et ils se connaissent _____

_____ _____. Mais leurs parents sont d'Algérie. Le nom du groupe,

__'_____ ____ _____ arabe pour un tremblement de terre. _____

_____ _____ _____ qu'il ne faut pas

oublier d'____ ____ _____.

135

Informationen heraussuchen

20 Wahid, der Sänger der Gruppe Zen Zila, hat einen berühmten Onkel, den Schriftsteller und Wissenschaftler Azouz Begag. Dessen bekanntestes Buch heißt „Le gone du Chaâba" und erzählt eigene Kindheitserinnerungen in Romanform. Der folgende Text fasst die Handlung knapp zusammen.

Le gone – un mot régional pour «enfant» –, c'est Azouz Begag.
Le Chaâba, c'est le petit bidonville de la banlieue de Lyon où il a passé son enfance. Dans ce hameau de tôle et de bois vivent des familles originaires du village d'El-Ouricia, en Algérie.
Nous sommes en 1965, Azouz a neuf ans et a décidé d'être le premier de sa classe. Il y arrive, à la satisfaction de son père et au grand dam de certains de ses copains qui remettent en question son identité sarrasine: «T'es pas un Arabe. Si t'en étais un, tu serais dernier de la classe comme nous!» Ce qui ne l'empêche pas de se joindre aux jeux des enfants du Chaâba, y compris à la fouille des camions poubelles.

GRAMMATIK   WORTSCHATZ   HÖRVERSTEHEN   **LESEVERSTEHEN**   **8**

Beantworte die folgenden Fragen.

1. In welchem Land wird Azouz Begag geboren?
   _____

2. Aus welchem Land stammen seine Eltern?
   _____

3. Wie alt ist Azouz Begag im Jahre 1965?
   _____

4. Welchen Platz strebt er in seiner Schulklasse an?
   _____

5. Freut sich sein Vater über die Leistungen seines Sohnes?
   _____

6. Was schließen seine Mitschüler aus seinen guten Leistungen?
   _____

137

8 GRAMMATIK　WORTSCHATZ　HÖRVERSTEHEN　**LESEVERSTEHEN**

Das Wesentliche verstehen

21 Die folgende Szene aus der Schule stammt aus dem Buch von Azouz Begag.

– Allez! nous presse le maître, asseyez-vous vite! Je vais commencer par vous rendre les compositions et les classements, puis nous terminerons la leçon de géographie de la dernière fois.

Tandis qu'un vent d'angoisse se met à souffler dans les rangs, M. Grand s'assied derrière une pile de copies qu'il a posée sur son bureau, à côté des carnets scolaires que nos parents devront signer. Des émotions fortes commencent à me perturber le ventre. Je pense au moment où M. Grand va dire: «Untel, premier; Untel, deuxième.» Peut-être donnera-t-il d'abord le numéro de classement, puis le nom de l'élu?

Premier: Azouz Begag? Non. Ce n'était qu'un exemple. Chacun sait que c'est Laville qui va gagner la course. Bon, alors récapitulons. Il va annoncer: «Premier: Laville.» Et après? Deuxième: ? Comme tous ceux qui espèrent, je fixerai les lèvres du maître pour voir mon nom sortir de sa bouche avant qu'il ne parvienne à nos oreilles. Si ce n'est pas moi, le deuxième, il faudra attendre la suite. Je préfère ne pas penser aux affres de cette torture.

Quelques élèves marquent des signes d'impatience. Le maître se lève, s'avance au milieu de l'allée centrale, la pile de carnets à la main, et lance le verdict:

– Premier …

La classe se raidit.

– Premier: Ahmed Moussaoui.

Stupéfaction. Horreur. Injustice. Le bruit et les choses se figent brutalement dans la classe. Personne ne regarde l'intéressé. Lui, Moussaoui, premier de la classe! C'est impossible. Il ne doit même pas savoir combien font un plus un. Il ne sait pas lire, pas écrire. Mais comment a-t-il pu? …

GRAMMATIK   WORTSCHATZ   HÖRVERSTEHEN   **LESEVERSTEHEN**   **8**

Welche der folgenden Aussagen ist richtig, welche falsch?

	richtig	falsch
1. Der Lehrer will als erstes die Klassenarbeit zurückgeben.	☐	☐
2. Später will er die angefangene Mathematik-Lektion beenden.	☐	☐
3. Der Lehrer heißt M. Laville.	☐	☐
4. Azouz hofft, als erstes seinen eigenen Namen zu hören.	☐	☐
5. Er erwartet aber, dass der Name Grand zuerst kommt.	☐	☐
6. Der Lehrer nennt Ahmed Moussaoui als Klassenbesten.	☐	☐
7. Azouz freut sich für seinen Mitschüler, weil er weiß, dass er eigentlich nicht dumm ist.	☐	☐

139

Plattform 3 (Lektion 7–8)

Verben in allen Zeiten

1 Du kennst inzwischen mehrere grammatische Zeiten (Tempora) des Französischen. Verschaffe dir einen Überblick, indem du die wichtigsten Formen von zwei einfachen Verben in die Tabelle einträgst.

Form	montrer	partir
Präsens	je _____ nous _____ ils/elles _____	je _____ nous _____ ils/elles _____
Passé composé	j' _____ nous _____ ils/elles _____	je _____ nous _____ ils _____
Imparfait	je _____ nous _____ ils/elles _____	je _____ nous _____ ils/elles _____
Futur composé	je _____ nous _____ ils/elles _____	je _____ nous _____ ils/elles _____

RÜCKBLICK Plattform 3

2 Einige Verben haben Sonderformen im Präsens. Trage die passenden Verbformen ein.

aller	je	_____
avoir	il	_____
construire	nous	_____
croire	vous	_____
être	je	_____
faire	ils	_____
prendre	elles	_____
se promener	tu	_____
réfléchir	vous	_____
venir	elle	_____

3 Beim Passé composé musst du dir merken, ob ein Verb mit *avoir* oder *être* konjugiert wird. Trage die folgenden Verben in die richtige Spalte ein.

avoir, courir, être, faire, se lever, monter, montrer, partir, tomber, voir

Passé composé mit *avoir*	Passé composé mit *être*

141

Plattform 3 RÜCKBLICK

4 Bilde nun zu denselben Verben vollständige Passé composé-Formen.

avoir	je/j'	_____ _____
courir	tu	_____ _____
être	on	_____ _____
faire	elle	_____ _____
se lever	il	___ ___ _____
monter	nous	_____ _____
montrer	vous	_____ _____
partir	ils	_____ _____
tomber	elles	_____ _____
voir	je/j'	_____ _____

5 Beim Imparfait sind die Endungen regelmäßig und nur der Stamm kann ein Problem sein. Markiere den richtigen Imparfait-Stamm.

boire	boiv-	buv-	bov-	finir	fin-	finn-	finiss-
dire	dir-	div-	dis-	pouvoir	peuv-	pouv-	puv-
dormir	dor-	dorm-	dormiss-	rire	ris-	riv-	ri-
écrire	écrir-	écris-	écriv-	voir	vol-	vis-	voy-

6 Bilde nun zu denselben Verben vollständige Imparfait-Formen.

boire	je	_____	finir	nous	_____
dire	tu	_____	pouvoir	vous	_____
dormir	elle	_____	rire	ils	_____
écrire	il	_____	voir	elles	_____

RÜCKBLICK Plattform 3

Pronomen

7 Nach der Einführung der reflexiven Verben kennst du inzwischen mehrere Arten von Pronomen für Satzglieder.

verbundenes Personalpronomen	unverbundenes Personalpronomen	direktes Objektpronomen	indirektes Objektpronomen	Reflexivpronomen
je / j'	moi	me / m'	me / m'	me / m'
tu	toi	te / t'	te / t'	te / t'
il	lui	le / l'	lui	se / s'
elle	elle	la / l'	lui	se / s'
nous	nous	nous	nous	nous
vous	vous	vous	vous	vous
ils	eux	les	leur	se / s'
elles	elles	les	leur	se / s'

Setze die passende Form ein.

ils – les – leur – eux – s'/se

Fabien et ses copains _____ 'amusent bien au rugby.

Alors, il veut tous _____ inviter à son anniversaire.

Il aime bien faire la fête avec _____ .

Demain, il va _____ téléphoner.

Il croit qu'_____ vont tous venir.

143

Plattform 3 RÜCKBLICK

8 Übersetze die folgenden Sätze. Achte besonders auf die Pronomen.

Ich höre dir zu.

___

Und ich denke an dich.

___

Du siehst ihn oft – deinen Freund Victor.

___

Redest du mit ihm über mich?

___

Ich frage mich:

___

Gefällt er dir?

___

RÜCKBLICK **Plattform 3**

Fragen stellen

9 Für die Verständigung in einer Fremdsprache ist es wichtig, Fragen stellen zu können. Du findest hier einen Aussagesatz. Welche Fragen musst du stellen, um die jeweils gegebene Antwort zu bekommen?

Aujourd'hui, Fabien a rencontré Emma dans le bus.

_____? – Aujourd'hui.

_____? – Fabien.

_____? – Emma.

_____? – Dans le bus.

10 Übersetze.

Wer liebt die Gruppe Zen Zila?

_____

Was interessiert Emma?

_____

Wen lädt M. Philibert ein?

_____

Wann kommt Zen Zila in die Schule?

_____

145

Plattform 3 RÜCKBLICK

Gefühle ausdrücken

11 Ob Liebeskummer oder Kopfschmerzen – es ist gut, wenn man auch auf Französisch sagen kann, welche Gefühle einen bewegen. Mache mit den vorgegebenen Satzbausteinen sechs Aussagen über dich und übersetze sie ins Deutsche.

à / ai / ai / ai / envie / fatigué,e / heureux, se / j' / j' / j' / jaloux, se / je / je / je / la / mal / peur / suis / suis / suis / tête

Französisch: Deutsch:

EINBLICK **Plattform 3**

Nomen: Besonderheiten der Pluralbildung

12 Bei den meisten Nomen wird der Plural einfach durch Anhängen des Buchstaben -s gebildet. Aber es gibt eine Reihe von Ausnahmen. Vervollständige die Übersicht.

Deutsch	Französisch Singular	Französisch Plural
	un animal	
ein Comic		
	un bras	
ein Bus		
	un cadeau	
eine CD		
	un chou	
ein Kuchen		
	madame	
Herr …		
	un œil	
ein Preis		
	une souris	
eine Tafel/Tabelle		
	un TGV	

147

Plattform 3   EINBLICK

Nomen: Das grammatische Geschlecht

13 Beim grammatischen Geschlecht (Genus) gibt es im Französischen nur zwei Möglichkeiten: Maskulinum oder Femininum. Aber auch bei ähnlich aussehenden Wörtern kann man sich nicht darauf verlassen, dass das grammatische Geschlecht im Französischen und Deutschen übereinstimmt. Es gibt jedoch auffällige Regelmäßigkeiten, die mit den Endungen zusammen hängen. Kreuze das grammatische Geschlecht der Dreiergruppe an.

Nomen	Maskulinum	Femininum
nature température voiture	☐	☐
fromage garage village	☐	☐
information question station	☐	☐
appartement argument sentiment	☐	☐
bus dessert lit	☐	☐
bouteille famille fille	☐	☐

EINBLICK **Plattform 3**

Zeitadverbien

14 Adverbien sind Umstandswörter, die den Sinn anderer Wörter und Sätze genauer bestimmen. Einige machen Angaben zur Zeit. Trage die dir bekannten französischen Zeitadverbien in die Übersicht ein.

aujourd'hui – d'abord – déjà – demain – encore – enfin – ensuite – hier – maintenant – puis – souvent – tard – toujours – tout à coup – tout à l'heure – tout de suite

Deutsch	Französisch
dann	
dann/danach	
gestern	
heute	
immer	
jetzt	
morgen	
noch	
oft	
plötzlich	
schließlich/endlich	
schon	
sofort/gleich	
spät	
vorhin/gleich	
zuerst	

Plattform 3 AUSBLICK

Diktat: Deux garçons et une fille 🎵 27

15 Schreibe das Diktat. Du findest es auf der CD. Dann vergleiche deine Fassung mit der Lösung im Lösungsteil. Markiere die Fehler und schreibe die falschen Stellen einmal richtig, damit sich die richtige Schreibweise einprägt.

Übersetzung: Fabien est jaloux

16 Übersetze.

Die Familien Bajot und Carbonne und Fabien sind im Park „Chloro'fil". Dort kann man wie Tarzan auf die Bäume klettern. Aber man muss einen Helm aufsetzen. Fabien ist nicht einverstanden. Er entfernt sich, weil er eifersüchtig ist. Emma amüsiert sich mit Victor. Sie vergisst ihre Freunde aus Toulouse schnell. Fabien durchquert den Wald wie ein Verrückter. Er sieht nicht auf den Weg. Das ist gefährlich: Plötzlich fällt er in ein Loch.

AUSBLICK **Plattform 3**

Fotoalbum: Zen Zila – Histoire d'une rencontre

17 Emma hat die Ereignisse um Zen Zila in einem Fan-Tagebuch festgehalten, das aus Fotos und kleinen Texten besteht. Schreibe passende Begleitsätze zu jedem Bild.

Bild 1:

Bild 2:

Bild 3:

Plattform 3 AUSBLICK

Bild 4:

Bild 5:

Bild 6:

Lösungen

LEKTION 1

1 tu as regardé, elle a organisé, vous avez discuté, j'ai parlé, elles ont donné, nous avons aidé, il a coupé, ils ont mangé

2 elle a posé, elles ont joué, nous avons téléphoné, j'ai expliqué, il a continué, vous avez demandé, tu as préparé, ils ont travaillé

3 vous n'avez pas payé; elles n'ont pas joué; elle n'a pas dessiné; nous n'avons pas raconté; je n'ai pas sonné; tu n'as pas rêvé; il n'a pas invité; ils n'ont pas écouté

4 j'ai su – savoir; j'ai bu – boire; j'ai pris – prendre; j'ai dit – dire; j'ai fait – faire; j'ai été – être; j'ai visité – visiter; j'ai répondu – répondre

5 je pars, nous partons; elle dort, vous dormez; tu sors, ils sortent

6 vous voyez, elles voient, tu vois; je viens, ils viennent, nous venons

7 vous mettez, tu mets, ils mettent, elle met, je mets, nous mettons

8 je mets, je dors, je viens; il vient, elle met, on dort; nous partons, nous voyons, nous mettons; elles voient, ils mettent, elles viennent

9 un cinéma – ein Kino; une gare – ein Bahnhof; un jardin – ein Garten; un musée – ein Museum; un parc – ein Park; une place – ein Platz; un quartier – ein Viertel; une rue – eine Straße; un square – eine kleine Grünanlage; une station de métro – eine Metrostation; une tour – ein Turm

10 Emma aime Paris. Elle va souvent au square Trousseau pour discuter avec ses copains et copines. Le week-end, ils vont ensemble au cinéma regarder des films. Pour des fêtes d'anniversaire, sa famille mange dans un bon restaurant dans le quartier où ils habitent. Emma aime aussi les musées comme le Louvre. Mais elle n'aime pas la tour Eiffel: «Là, il y a beaucoup de touristes, trop de touristes.»

LÖSUNGEN 1

11 gehen/fahren – aller; (an)kommen – arriver; sich bewegen – bouger; eintreten/betreten/hereinkommen – entrer; klettern – grimper; steigen/einsteigen – monter; weggehen/abfahren – partir; heimgehen/heimkommen – rentrer; zurückkommen – revenir; hinausgehen/-fahren, ausgehen – sortir; abbiegen/drehen – tourner; überqueren – traverser; kommen – venir

12 Le premier jour, Christian *arrive* au collège avec son père. Ils *entrent/arrivent* dans la salle de classe. Puis, M. Beckmann *part* travailler. Après l'école, M. Beckmann *revient* au collège. Il *traverse* la cour et voit Christian avec Emma et Malika. Christian dit: «Au revoir!» aux copines et *rentre* à la maison.

13 aujourd'hui – heute; hier – gestern; demain – morgen; maintenant – jetzt; tout de suite – sofort; après – danach; le matin – morgens; le soir – abends

14
1. Manon a oublié son appareil photo à la Villette. – falsch
2. M. Carbonne a trouvé un travail de professeur à Toulouse. – falsch
3. A Toulouse, il va peut-être habiter dans un camping-car. – richtig
4. Emma ne veut pas déménager. – richtig
5. Mme Carbonne est pour déménager parce qu'il fait beau et chaud à Toulouse. – richtig
6. Valentin a trouvé des photos de Toulouse dans un livre. – falsch
7. Thomas et Christian vont venir à Toulouse pendant les vacances. – falsch
8. A la fin, Emma veut voir les photos de Valentin. – richtig

15 Madame Carbonne ne peut plus dormir depuis une semaine. Son mari va partir à Toulouse. Il va travailler comme mécanicien pour Airbus. Est-ce qu'il va trouver un appartement ou une maison pour la famille? Qu'est-ce qu'elle va faire, elle, à Toulouse? Mais Madame Carbonne pense aussi au temps. Il fait souvent beau à Toulouse. Puis, la montagne n'est pas loin. Elle peut faire du ski, et elle adore ça. Une grande question reste: Qu'est-ce que les enfants vont dire?

16 Emma n'est pas *contente*. Son père *va partir* à Toulouse parce qu'il *veut travailler* chez Airbus. Emma ne *veut pas déménager*. Elle aime Paris parce qu'on trouve tout *dans la capitale* et on peut sortir quand on veut. *Sa mère parle* du beau temps à Toulouse. Mais qu'est-ce qu'on fait du beau temps *quand on n'a pas* de copains et de copines? Non, *elle est contre* Toulouse.

1 LÖSUNGEN

17 1. richtig; 2. falsch; 3. richtig; 4. richtig; 5. falsch; 6. falsch

Übersetzung:

Wissenschaft für alle an der Villette
Uninteressante Geologie? Bei Laurent ist sie durchaus interessant. Hinter einem kleinen Tisch mit Kaugummi, Joghurt usw. beginnt Laurent seine kleine Vorführung. Er stapelt alles aufeinander und das ergibt hübsche Farben und interessante Formen … Das ist Wissenschaft, wie man sie sich wünscht: lustig und fesselnd. So geht es zu auf dem Fest der Wissenschaft, die in der Cité des sciences et de l'industrie de la Villette (im 19. Pariser Stadtbezirk) zu Ende geht. Wenn sich der Erfolg des letzten Jahres bestätigt, werden heute mehr als 30 000 Personen die Tore der Cité kostenlos durchschritten haben.
Catherine, eine 46-jährige Pariser Floristin, ist mit ihrer sechsjährigen Tochter Carla gekommen und testet vergnügt ihre Lungenkapazität, indem sie in eine Wasserflasche pustet, die in eine Wanne getaucht ist. „Toll! Man sieht, dass ich nicht rauche", lächelt sie nach dem erfolgreichen Test. „Es gibt viele kleine Versuchsstände wie diesen, wo man ernsthafte Dinge mit Spaß lernt, ohne sich zu sehr den Kopf zu zerbrechen."
Pierre hat sich seine Route selbst zusammengestellt, indem er alles auswählte, was das Klima betraf. Auch nach fünf Besuchsstunden hat der 40-jährige Pariser Rechtsanwalt noch die Kraft, sich stehend die Lebensgeschichte von Pinguinen anzuhören, die ein Forscher vom CNRS anhand von Bildern erläutert. Er bewundert die Forscher. „Sich vorzustellen, dass Menschen ihr Leben damit verbringen, diese Tiere am anderen Ende der Erde zu studieren … Es gibt wirklich fabelhafte Jobs."
Im zweiten Stock des riesigen Gebäudes wird man aufgefordert, ein wenig über den Dingen zu stehen, wenn man mit der verstellbaren Karte in der Hand das Himmelsgewölbe entziffern soll. Der 16-jährige Romain, ein Teenager, wie er im Buche steht, mit seiner kühnen Locke und seiner ausgebeulten Hose, saugt die Worte des Vortragenden gleichsam auf, sieht sich schon mit einem Mädchen am Arm: „Wenn ich ihr den Kosmos erklären kann, habe ich sie in der Tasche", gluckst er.

LEKTION 2

1 il est allé – il est arrivé – il est descendu – il est entré – il est monté – il est parti – il est rentré – il est resté – il est revenu – il est sorti – il est tombé – il est venu

2 Adrien et son père sont venu**s** de Genève.
Une cousine est arrivé**e** de la campagne.
Les copains sont allé**s** jouer au foot.
Les copines sont sort**ies** au cinéma.
Malika: Moi, je suis parti**e** à sept heures. Et toi, Emma, tu es resté**e** à la maison?

3 Aujourd'hui, Malika est allée au Louvre.
A dix heures, elle est montée dans le métro.
Dix minutes après, elle est arrivée à la station Louvre.
Elle est descendue.
Puis, ses copains et elle sont entrés au musée.
Ils sont restés deux heures au musée.
A une heure, ils sont sortis.
Ils sont rentrés à la maison.
Mais Malika est revenue le lendemain.

4

	Objektpronomen (OP)	Subjektpronomen (SP)
me	x	
je		x
nous	x	x
tu		x
vous	x	x
te	x	

5 Tu ne m'écoutes pas?
Si, je t'écoute.
Vous me donnez votre adresse?
Oui, je vais vous donner l'adresse tout de suite.
Tu vas nous écrire?
Bien sûr. Je vais vous écrire souvent.

6 nous devons; elle doit; je dois; elles doivent; il reçoit; nous recevons; vous recevez; je reçois

2 LÖSUNGEN

7 tu cours – tu as couru
nous courons – nous avons couru
elle court – elle a couru
vous courez – vous avez couru
ils courent – ils ont couru
je cours – j'ai couru

8 être:

je suis arrivé(e)
tu es entré(e)
elle est partie
nous sommes sorti(e)s

avoir:

vous avez couru
ils ont dansé
j'ai marché

tu es descendu(e)
il est monté

nous avons descendu l'escalier
vous avez monté l'escalier

9 avion (m.) – Flugzeug; bateau (m.) – Boot/Schiff; bus (m.) – Bus; métro (m.) – U-Bahn; taxi (m.) – Taxi; TGV (m.) – TGV; train (m.) – Zug; vélo (m.) – Fahrrad; voiture (f.) – Auto

10 A Paris, les gens vont au travail en métro. Le dimanche, ils prennent le vélo pour bouger un peu. Adrien, qui aime la Seine, va en bateau jusqu'à la tour Eiffel. Emma va à Toulouse en train. Et son père, qui travaille pour Airbus, doit prendre l'avion pour Hambourg demain.

11 avoir envie – Lust haben
avoir peur – Angst haben
être en colère – wütend sein
être content – zufrieden sein
être triste – traurig sein
faire la tête – schmollen

adorer – sehr gerne mögen
aimer – lieben
désirer – wünschen
rêver – träumen
retrouver le moral – neuen Mut schöpfen

LÖSUNGEN 2

12 Emma est triste parce qu'elle doit quitter Paris. – Elle aime Paris et son quartier. – Elle a peur de perdre ses copains. – Elle rêve de trouver des copains à Toulouse.

13
1. En novembre, M. Carbonne a trouvé un appartement à Toulouse. – falsch
2. Pour aller à Toulouse, la famille Carbonne prend le train. – richtig
3. Il y a 730 kilomètres entre Paris et Toulouse. – richtig
4. Quand elle arrive à Toulouse, Emma est contente. – falsch
5. Les copains de Paris envoient un paquet à Emma. – richtig
6. Dans le paquet, il y a une photo de Thomas. – falsch
7. Emma trouve une copine à Toulouse. Elle s'appelle Hélène. – falsch
8. Après quelques semaines, les Carbonne prennent leurs vélos pour aller au bord de la Garonne. – richtig

14 Le déménagement n'est pas drôle pour Emma. Ses copains sont à la gare pour dire au revoir. A Toulouse, Emma reste dans sa chambre pendant une semaine. Puis, un paquet des copains arrive. Victor a écrit une chanson de rap pour sa copine Emma. Au collège, Emma discute avec Cécile. Elle est très sympa. Enfin, Emma a retrouvé le moral.

15 Emma est triste. Au collège, elle n'a pas d'amis. Les élèves parlent avec un accent, et elle ne comprend rien. Puis, un jour, elle écoute le CD de Victor. Une fille de sa classe demande: «Qu'est-ce que tu écoutes?» Alors, les deux filles commencent à discuter. Le week-end, elles font des choses ensemble. Cécile montre la ville rose à Emma, et Emma trouve que Toulouse, ce n'est pas comme Paris, mais c'est joli.

16 Name der Region: Midi-Pyrénées
Einwohnerzahl der Stadt Toulouse: 398 500
Einwohnerzahl des Großraums: 761 100
Größere Städte in Frankreich (Namen): Paris, Marseille, Lyon
Zahl der Studenten: 140 000
Anzahl der collèges: 24
Entfernung der Stadt vom Mittelmeer: 150 km
Entfernung vom Atlantik: 250 km
Entfernung von Skigebieten in den Pyrenäen: 110 km

2 LÖSUNGEN

Übersetzung:

Toulouse in Zahlen

Toulouse: Hauptstadt der größten französischen Region, Midi-Pyrénées (45 000 km²), die die Departements Ariège, Aveyron, Gers, Haute-Garonne, Lot, Hautes-Pyrénées, Tarn und Tarn et Garonne umfasst. Viertgrößte Stadt nach Paris, Marseille, Lyon. 398 5000 Einwohner in Toulouse (Daten der Insee von der Volkszählung 1999); 761 100 Einwohner im Großraum. Nr. 1 in Europa beim Flugzeugbau; 140 000 Studenten: zweitgrößte Universitätsstadt Frankreichs; 104 Kindergärten; 90 Grundschulen; 24 Sekundarschulen, 12 Gymnasien, 13 Berufsschulen. Toulouse liegt 150 km vom Mittelmeer, 250 km vom Atlantischen Ozean, 110 km von den Skiorten der Pyrenäen.

17 1. falsch; 2. falsch; 3. richtig; 4. falsch; 5. richtig; 6. richtig; 7. falsch

Übersetzung:

An diesem Freitag, dem 13. Juni 1930, flog die Potez 25 in einen Schneesturm. Die Luftwirbel werden häufiger, die Erschütterungen spürbarer. Plötzlich wird das Flugzeug von Luftströmen nach unten erfasst und verliert in wenigen Minuten 3000 Meter Höhe! Der Pilot der Aéropostale, der ein Jahr vorher zusammen mit Mermoz die Verbindung Buenos Aires–Santiago eröffnet hat, schafft die Notlandung in der „Laguna Diamante", einem riesigen Kessel, der von Schwindel erregenden Gipfeln umgeben ist. Dank seines Geschicks bleibt er unverletzt, aber das Flugzeug ist zu stark beschädigt, um eine Reparatur zu versuchen. In 3500 Metern Höhe in den Cordilleren der Anden im dortigen Winter hält man der Kälte nicht lange stand. Also wird er losmarschieren, um der eisigen Falle des Hochgebirges zu entkommen. Plötzlich entdeckt er am Himmel das Flugzeug von Saint-Exupéry, der zur Suche nach ihm aufgebrochen ist. Trotz der Zeichen und Rufe wird ihn „Saint Ex" nicht sehen. Er wird also weitermarschieren, allein in der Weite, vom Eiswasser der Gebirgsbäche trinken, sich von Pflanzen und Wurzeln ernähren … Fünf Tage und fünf Nächte werden vergehen, bis das Schicksal ihn eines Abends hinunter in ein Tal führt. Da sieht eine argentinische Bäuerin ein taumelndes, verstörtes Gespenst in Fetzen mit blutenden Füßen auftauchen, das mit schwacher Stimme „aviador! aviador!" sagt und das Bewusstsein verliert.

LEKTION 3

1 Il l'aime beaucoup. – Elle le monte vite. – Elle ne la regarde pas aujourd'hui. – Elle va le trouver à la SEMVAT. – Oui, elle peut les retrouver en juillet.

2 Oui, il le donne à Emma. – Non, elle ne l'écoute pas dans le bus. – Non, d'abord, elle ne l'aime pas. – Oui, elle veut la montrer à Emma. – Non, elle ne peut pas les expliquer à Cécile. – Oui, il les prépare.

3 Tu aimes la musique que ta copine écoute? – Tu aimes les garçons qui jouent toujours à l'ordinateur? – Tu n'aimes pas le gymnase où ta copine fait de l'escalade? – Tu aimes les films qui viennent de France? – Tu n'aimes pas le garçon que j'ai invité? – Tu aimes les repas qu'on vous donne à la cantine?

4 Voilà la maison où Emma habite. – Voilà la chanson que Victor chante. – Voilà les photos que j'envoie à Emma. – Voilà les copains qu'Emma a à Paris. – Voilà la lettre que Malika écrit. – Voilà Cécile qui montre la ville à sa copine Emma.

5 vous connaissez; tu connais, j'ai connu; elles connaissent

6 Tu habites dans quelle ville? – Tu parles quelles langues? – Tu aimes quels acteurs? – Tu écoutes quelle musique? – Tu as quel portable? – Tu lis quel journal?

7 Je les trouve jolies, ces voitures. – Je le trouve petit, cet appartement. – Je la trouve trop grande, cette ville. – Je les trouve faciles, ces devoirs. – Je la trouve super, cette affiche. – Je les trouve sympas, ces Allemands.

8 quel – ce – garçon; quel – cet – ami; quelle – cette – fille; quels – ces – garçons; quelles – ces – filles

9 Victor est un vieil ami. Mais Fabien et Nicolas sont des beaux garçons. Et je commence une nouvelle vie ici à Toulouse. Hier au stade, ils ont fait un beau match. Pour sortir ce soir, je vais mettre mon nouveau pantalon. Quels nouveaux films est-ce qu'on peut voir ici? Dans notre vieux quartier à Paris, il y a beaucoup de cinémas. Mais à Toulouse …?

3 LÖSUNGEN

10 amoureux/amoureuse – verliebt; cool – cool; gratuit/gratuite – kostenlos/gratis; important/importante – wichtig; jeune – jung; mignon/mignonne – süß/niedlich; pauvre – arm; pratique – praktisch; sûr/sûre – sicher

11 Fabien trouve Emma mignonne. – Il est peut-être amoureux d'elle. – Mais le rugby est très important pour Fabien. – Ce soir, il a une place gratuite au stade. – Emma veut aller au cinéma. Ce n'est pas pratique. – Fabien part au stade. Pauvre Emma!

12 *Lösungsvorschlag:*
Emma et Cécile font les magasins avec des copines. Valentin joue au foot dans le stade. Fabien écoute des CD à Odyssud. Mes parents vont au restaurant avec des voisins. Nous allons faire un tour en vélo au bord de la Garonne.

13
1. Les Carbonne habitent à Blagnac dans une maison avec un petit jardin. – richtig
2. Ils font souvent de la musique avec leurs voisins allemands. – falsch
3. Mme Carbonne refait la peinture de la porte d'entrée. – richtig
4. Elle a trouvé un travail chez Airbus. – falsch
5. Valentin adore l'école. – falsch
6. Les autres élèves imitent son accent de Paris. – richtig
7. Manon a déjà trouvé une copine. – richtig
8. Emma arrive plus tard, parce qu'elle a travaillé pour l'école chez une copine. – falsch

14 Emma a des copains et des copines à Blagnac. Ils aiment écouter des CD à Odyssud ensemble. Un des ses copains s'appelle Fabien. Emma aime bien Fabien, et Fabien trouve Emma mignonne. Emma veut discuter avec Fabien, mais à l'école, il y a toujours les autres. Vendredi, Emma voit Fabien au CDI, sans les autres. C'est le bon moment pour parler.

15 Emma: «Qu'est-ce que tu regardes sur Internet?» Fabien: «Je regarde les programmes de cinéma.» Emma: «Alors, il y a un bon film?» Fabien: «Oui, je pense. Il y a le nouveau film avec Audrey Tautou.» Emma: «J'aime bien Audrey Tautou. Elle est belle. Mais je n'ai pas encore vu son nouveau film.» Fabien: «Tu as envie d'aller voir le film avec moi?» Emma: «Peut-être, mais quand? Pour le soir, c'est non. Tu sais: mes parents!» Fabien: «Mais samedi après-midi, ça va, non?» Emma: «D'accord.» Fabien: «Alors, à demain, 15 heures, devant le Rex?» Emma: «A demain!»

LÖSUNGEN 3

16 Jährliche Nutzerzahl von Sportangeboten: 3 500 000
Anzahl der Sportbegegnungen pro Wochenende: mehr als 100
Anzahl der Sportvereine: mehr als 500
Zahl der aktiven Sportler: 85 000
Anzahl der Sportanlagen: 368
Anzahl von Standorten: 70
Jährliche Anzahl sportlicher Großveranstaltungen: 120
Vier Sportarten bei Großveranstaltungen: Handball, Tennis, Marathonlauf, Rugby

Übersetzung:

Toulouse, die sportliche Stadt

Das Publikum, das in Toulouse vom Sport betroffen ist, ist breit und reicht vom Neugeborenen bis zu den Senioren. So haben im vergangenen Jahr fast 3 500 000 Personen Sportangebote der Stadt Toulouse genutzt.
Toulouse stellt Ihnen seine sportliche Infrastruktur zur Verfügung, nämlich 368 Anlagen, die auf 70 Standorte verteilt sind.
Toulouse ist auch der Schauplatz vieler großer Sportveranstaltungen.
Fast 120 Veranstaltungen finden jedes Jahr statt und ziehen Tausende von Zuschauern an. Als Beispiele seien genannt: das internationale Handballturnier, der große Preis der Stadt Toulouse im Tennis, der Marathonlauf von Toulouse und die französische Rugbymeisterschaft.
Auf den Anlagen der Stadt Toulouse finden neben den großen Sportereignissen sehr viele Vereinsbegegnungen statt. Von den verschiedenen Sportverbänden organisiert, werden an jedem Wochenende mehr als hundert Spiele auf den verschiedenen Sportplätzen der Stadt ausgetragen.
Zusätzlich zu den Grundschulen, den Sekundarschulen und den Gymnasien nutzen mehr als 500 Vereine, die mehr als 85 000 Aktive vertreten, die städtischen Anlagen für ihr Training, für die Begegnungen zwischen den Vereinen und bei Großveranstaltungen.

Plattform 1 (Lektion 1–3)

1 Ces frites sont à toi? Ce sont tes frites? – Ce sandwich est à lui? C'est son sandwich? – Ces gâteaux sont à moi? Ce sont mes gâteaux? – Ces croquettes sont aux chats? Ce sont leurs croquettes? – Ce poisson est à nous? C'est notre poisson? – Cet animal est à vous? C'est votre animal?

2 Hier, j'ai travaillé dans le jardin. – Aujourd'hui, nous fêtons l'anniversaire de mon frère. – Demain, on va voir le nouveau film d'Audrey Tautou.

3 j'envoie – nous envoyons; je connais – nous connaissons; je cours – nous courons; je dois – nous devons; je dors – nous dormons; je mets – nous mettons; je pars – nous partons; je viens – nous venons; je vis – nous vivons; je vois – nous voyons

4 j'ai couru; tu as envoyé; il a dormi; elle a plu; nous avons mis; vous avez pris; ils ont vu; elles ont dit

5 Passé composé mit *avoir*: avoir, courir, danser, être, savoir, vivre
Passé composé mit *être*: rester, sortir, tomber, venir

6 j'ai – j'ai eu; tu cours – tu as couru; il vient – il est venu; elle reste – elle est restée; on est – on a été; nous sortons – nous sommes sorti(e)s; vous savez – vous avez su; elles tombent – elles sont tombées

7 ici – hier; là(-bas) – da(hin)/dort(hin); en bas – unten/nach unten; en haut – oben/nach oben; à droite – (nach) rechts; à gauche – (nach) links; devant – vor; derrière – hinter; sur – über/auf; sous – unter; près de quelque chose (qc) – nahe bei/neben etwas; loin – weit; au bord de quelque chose (qc) – am Rande/Ufer von etwas; à côté – daneben/nebenan; partout – überall; entre – zwischen

8 Le parapluie vert est dans un carton à côté de Valentin. Derrière M. Carbonne, il y a une étagère. Sur l'étagère, on voit deux bouteilles.

Les arrêts de bus Wagner, Décamps et Capoul sont au bord de la Garonne. Le collège Guillaumet est près de l'arrêt Muriers. Il y a quatre arrêts entre Airbus Industrie et Muriers.

Manon est à gauche sur le dessin. A droite, on voit son père, M. Carbonne. Et Emma? Elle n'est pas là.

LÖSUNGEN   **Plattform 1**

9   Jahreszeiten: automne – Herbst; été – Sommer; hiver – Winter; printemps – Frühling

Wochentage: dimanche – Sonntag; jeudi – Donnerstag; lundi – Montag; mardi – Dienstag; mercredi – Mittwoch; samedi – Samstag; vendredi – Freitag

Tageszeiten: après-midi – Nachmittag; matin – Morgen; midi – Mittag; minuit – Mitternacht; soir – Abend

10   il pleut – es regnet;
il y a du soleil / il fait beau – es ist sonnig / es ist schönes Wetter;
il fait froid – es ist kalt;
il fait chaud – es ist warm/heiß;
il fait 25 degrés – es sind 25 Grad

11   Berlin, le 12 mai 2007 – Chère Gabrielle, Merci beaucoup pour ta lettre. Moi, je vais bien. J'ai vu un film super avec Brad Pitt. Tu connais Brad Pitt? Quels acteurs est-ce que tu aimes? J'arrête maintenant. Je dois encore faire des devoirs. Réponds-moi vite! Je t'embrasse. (Name) P.S.: Tu viens à Berlin cet été?

12   Valentin aime sa vie à Paris, avec les copains et les copines du quartier de la Bastille. Il est triste quand il doit partir à Toulouse. Au collège à Blagnac, il a des problèmes. Il n'a pas encore trouvé d'amis. Les autres élèves imitent son accent. Ils ne l'aident pas non plus en classe.
Le week-end, Valentin joue au foot au stade près du collège. Là, les autres sont sympas, mais il ne les comprend pas toujours.

13   A Toulouse, Mme Carbonne a beaucoup de temps, trop de temps. Elle refait la peinture de la porte d'entrée. Elle fait la cuisine pour la famille. Elle lit le journal. Après deux semaines, elle voit une annonce. La SEMVAT cherche un conducteur ou une conductrice pour la ligne 66. Cette ligne passe devant le collège Guillaumet. Mme Carbonne est contente. Ses enfants peuvent aller à l'école avec elle.

14   Samedi matin, mon train arrive à la gare de Toulouse. Emma m'attend à la gare. – Samedi midi, on mange ensemble, et on mange trop. – Samedi soir, on va à un concert. La chanteuse est super. – Dimanche matin, il fait beau. On fait un tour en vélo. – Dimanche après-midi, on va au stade pour regarder un match de rugby. – Dimanche soir, je prends le train pour rentrer à Paris. Emma est triste, et moi aussi.

LEKTION 4

1 Il lui plaît beaucoup. – Elle leur écrit une lettre. – Elle leur montre sa maison. – Il veut lui demander qc. – Elle ne leur téléphone plus.

2 Oui, elle leur montre son bulletin. – Non, elle ne leur téléphone pas pour le repas. – Oui, il lui parle de ses problèmes. – Non, elle ne veut pas lui répondre. – Non, elle ne peut pas lui expliquer les devoirs. – Oui, elle leur plaît.

3 nous réfléchissons; elle applaudit; je réussis; vous choisissez; tu applaudis; ils réussissent; il réfléchit; elles choisissent

4 tous nos voisins; tout notre appartement; tous mes copains; toute la ville; toutes ces maisons; tous tes frères; toutes vos copines; tout le temps

5 nous rions, je ris, riez; elles rient, elle rit; tu ris, vous riez, rions

6 Malika et Emma viennent de visiter Toulouse. – Elles sont en train de regarder les photos. – Demain, Malika va rentrer à Paris. – M. Carbonne va partir à Hambourg ce soir. – Il vient de chercher son billet. – Il est en train de discuter avec sa femme.

7 Valentin vient de jouer au foot.
(Est-ce qu')il est en train de jouer au foot?
Non, mais il va encore jouer au foot demain.

8 Anschluss ohne Präposition: aimer, aller, devoir, pouvoir
Anschluss mit *à*: commencer, continuer, réussir
Anschluss mit *de*: arrêter, avoir peur, être en train, venir

9 Manon aime dessiner. – Elle réussit à dessiner ses copines. – Elle a envie de dessiner sa sœur.

10 demander qc à qn – jdn. nach etwas fragen; dire qc à qn – jdm. etwas sagen; donner qc à qn – jdm. etwas geben; écrire qc à qn – jdm. etwas schreiben; envoyer qc à qn – jdm. etwas schicken; expliquer qc à qn – jdm. etwas erklären; montrer qc à qn – jdm. etwas zeigen; parler à qn – mit jdm. sprechen; plaire à qn – jdm. gefallen; présenter qc à qn – jdm. etwas vorstellen; répondre qc à qn – jdm. etwas antworten; téléphoner à qn – jdn. anrufen

11 Il leur dit «Bonjour».
Elle lui envoie une lettre.
Je lui donne une photo.
Nous leur téléphonons.

12 Unterricht: une classe – eine Klasse; un cours – eine Unterrichtsstunde;
un devoir – eine (Haus)Aufgabe; un/e élève – ein/e Schüler/in;
un exposé – ein Referat; un professeur – ein/e Lehrer/in;
une salle de classe – ein Klassenzimmer
Fächer: l'allemand – Deutsch; le français – Französisch;
la géographie – Geographie/Erdkunde; les maths – Mathe; le sport – Sport;
SVT – Biologie/Naturkunde
Schulleben: une cantine – eine Kantine; une cour – ein Hof;
la permanence – die beaufsichtigte Freistunde;
un pion – eine Aufsichtsperson; une récréation – eine Pause

13 manger – boire – cuisine – repas – dessert – verre – bouteille – assiette – café – coca – champagne – eau – gratin – nouille – poisson – gâteau – cuisinier

14 1. La 4e B prépare un projet de vidéo pour un collège de Kassel en Allemagne. – falsch
2. Ils veulent montrer la journée d'un élève du collège Henri Guillaumet. – richtig
3. Ils prennent Emma Carbonne comme exemple. – falsch
4. Le jour de la vidéo, il n'y a pas de cours de maths parce que la prof est malade. – richtig
5. En cours de SVT, Adeline fait un exposé sur les araignées de la Martinique. – richtig
6. A la cantine, il y a des frites. – falsch
7. Après l'école, Cécile va à son cours de guitare. – falsch
8. A la maison, Cécile doit mettre la table. – richtig

15 Les élèves de la 4e B tournent trois vidéos. Une vidéo montre la ville de Toulouse aux élèves de Dakar. L'équipe fait le tour de la ville. Elle tourne au stade où Fabien joue au rugby. Les élèves vont aussi à Odyssud, la médiathèque à côté du collège. Puis, ils passent à Airbus Industrie. Ils veulent montrer des airbus à leurs camarades du Sénégal.

4 LÖSUNGEN

16 A midi, les élèves sont à la cantine. Ils parlent du repas d'aujourd'hui. Cécile n'est pas contente: «Le gratin de nouilles, ça va encore. Mais les choux de Bruxelles: Beurk!» Olivier n'est pas d'accord. «C'est bon, les choux de Bruxelles. Tu peux me donner tes choux.» Cécile lui donne vite ses choux. Ça fait beaucoup de choux, mais Olivier mange tout. Et le dessert? Ce sont des choux à la crème. Olivier n'a plus faim. «Vous pouvez les avoir, mes choux à la crème. Je suis déjà malade quand j'entends le mot chou.»

17 Unterrichtsbeginn am Morgen: 8:00 Uhr
Unterrichtsschluss Montag: 17:00 Uhr
Unterrichtsschluss Dienstag: 16:05 Uhr
Lage erste Pause: 10:20–10:35 Uhr
Dauer Mittagspause: 1 Stunde 35 Minuten
Lage zweite Pause: 14:55–15:10 Uhr
Anzahl Deutschstunden: 2
Anzahl Mathematikstunden: 2
Lage Sportstunde: Montag, 16:05–17:00 Uhr
Lage Musikstunde: Dienstag, 14:00–14:55 Uhr

Verständnishilfen: LV2 Langue Vivante 2 = zweite lebende Fremdsprache; LV1 Langue Vivante 1 = erste lebende Fremdsprache

18 1. richtig; 2. falsch; 3. falsch; 4. richtig; 5. richtig; 6. falsch; 7. falsch

Übersetzung:

Der Senegal

Fläche: 196 192 km^2; Bevölkerung: 9 200 000 Einwohner (Schätzung 1999); Hauptstadt: Dakar; Amtssprache: Französisch; gesprochene Sprachen: Wolof, Pulaar, Serer, Mandinka, Diola; Religion: Islam (84 %), Naturreligionen (7 %), Christentum (6 %); Währung: Franc CFA; Einfuhr (1998): 1,2 Mrd $ (davon etwa 27 % Nahrungsmittel, besonders Reis und Weizen, und Erdölprodukte); Hauptlieferanten: Frankreich, 36 %, USA, Thailand. Ausfuhr (1998): 925 Mio $ (davon 30 % Fisch); Hauptkunden: Mali, 11,7 %, Frankreich, 10 %; Tourismus: 309 000 Touristen (gegenüber 186 000 im Jahre 1980) haben 1998 mehr als 165 Mio $ Devisen ins Land gebracht. Kommunikation und Dienstleistungen: 904 km Eisenbahnstrecken, 14 580 km Straßen, davon 4 230 asphaltiert, Ausstattung mit Autos (1997): 14 auf 1000 Einwohner, Fernsehen: 41 Geräte auf 1 000 Einwohner

LEKTION 5

1 de l'amour – Liebe; du café – Kaffee; du champagne – Champagner; de la musique – Musik; de la chance – Glück; du travail – Arbeit

2 du papier – Papier; un carton de livres – ein Karton Bücher; des dessins – Zeichnungen; du temps – Zeit; une bouteille de coca – eine Flasche Cola; des affiches – Plakate; des films – Filme; un verre d'eau – ein Glas Wasser; un groupe d'élèves – eine Gruppe Schüler/eine Schülergruppe; de la couleur – Farbe

3 Des copains, tu en as invité? – Oui. J'en ai invité beaucoup à la fête. – Des cadeaux? – Je n'en veux pas. Mais Emma va en apporter un, je sais. – Et des gâteaux? – J'en ai préparé un. Je ne veux pas en préparer plus.

4 Des choux de Bruxelles? – Nous n'en prenons pas. / On n'en prend pas. – Tu en veux? – Du gratin de nouilles? Je vais en manger. – Du café? Je n'en bois pas. – Du dessert? Il n'y en a plus!

5 nous avons répété – tu préfères – elle répète – vous avez préféré – ils préfèrent – je répète

6 elle appelle, tu as appelé; nous appelons, j'appelle; ils appellent, appelons

7 j'achète – nous annonçons – j'appelle – nous commençons – nous mangeons – je préfère – nous rangeons – je répète

8 Il vous faut des livres? – Il ne nous faut pas de livres. – Il faut du temps. – Il me faut du temps maintenant. – Il faut toujours réfléchir d'abord.

9 Je ne veux rien faire. – Je ne veux parler à personne. – Je ne téléphone plus à mes copains. – Je ne discute jamais avec mes parents. – Hier aussi, je n'ai vu personne.

10 baguette (f.) – Baguette; banane (f.) – Banane; beurre (m.) – Butter; chocolat (m.) – Schokolade; crème chantilly (f.) – Schlagsahne; farine (f.) – Mehl; fromage (m.) – Käse; fruit (m.) – Frucht, Obstsorte; glace (f.) – Eis; légume (m.) – Gemüse; œuf (m.) – Ei; orange (f.) – Orange; pain (m.) – Brot; poivre (m.) – Pfeffer; pomme (f.) – Apfel; pomme de terre (f.) – Kartoffel; salade (f.) – Salat; sel (m.) – Salz; sucre (m.) – Zucker; tarte aux pommes (f.) – Apfelkuchen; tomate (f.) – Tomate

5 LÖSUNGEN

11 le café – der Kaffee; le champagne – der Champagner; le coca – die Cola; l'eau – das Wasser; l'eau minérale – das Mineralwasser; le jus – der Saft; le jus d'orange – der Orangensaft; le lait – die Milch; le vin – der Wein

12 Aujourd'hui, Emma veut préparer un bon repas pour l'anniversaire de sa mère. Elle fait les courses au marché. Chez le marchand de légumes, elle goûte les tomates, puis elle en prend un kilo. Pour la tarte, il lui faut des fruits. Sa mère préfère les pommes. Emma en achète alors deux kilos et elle en mange déjà une parce qu'elle a faim. Il lui manque encore les boissons. Sa mère aime boire du vin à table. «Moi, je déteste ça!»

13 un paquet de farine; deux kilos d'oranges; dix œufs; trois bouteilles de coca; 500 grammes de beurre

14 aimer – détester; facile – difficile; vrai – faux; drôle – triste; bon – mauvais; assez – trop peu; avec – sans

15
1. Magalie Chapuis est la mère de Fabien et Cécile. – richtig
2. Elle va avoir cinquante ans. – falsch
3. Ses enfants veulent lui préparer un repas d'anniversaire. – richtig
4. Ils ont acheté un livre de recettes à la librairie. – falsch
5. M. Chapuis va préparer le dessert. – falsch
6. Les enfants veulent faire la fête dans le jardin. – richtig
7. Ils n'aiment pas passer l'après-midi dans une salle de restaurant. – richtig
8. Le matin de la fête, la grand-mère va aller à un concert avec Mme Chapuis. – falsch

16 Bonjour, mademoiselle. Vous désirez? – Je voudrais deux kilos de bananes, s'il vous plaît. – Voilà, mademoiselle. Et avec ça? – Je prends aussi des oranges. – Il vous en faut combien? – Disons quatre. C'est pour une salade de fruits. – D'accord. Voilà vos oranges. Prenez aussi des pommes. Elles sont délicieuses. – Non, merci. On en a encore à la maison. – C'est tout, alors? – Oui, merci. – Ça fait trois euros cinquante. – Voilà, monsieur. – Merci. Au revoir et bonne journée!

LÖSUNGEN 5

17 Fabien veut préparer le gâteau d'anniversaire pour sa mère. Mais il ne fait pas attention et met trop de sel. Quand il goûte le gâteau, il dit «Beurk. Ce n'est pas bon!» Et il demande à sa sœur: «Qu'est-ce qu'on va faire maintenant?» Alors, sa sœur achète un gâteau à la boulangerie. A la fête, Cécile annonce le gâteau comme «la surprise de Fabien». Fabien est en colère. Il ne trouve pas ça drôle. Mais sa mère adore le gâteau. Alors, une semaine après, Fabien fait ce gâteau avec Emma. Ils invitent Cécile et ne lui disent rien, d'abord. Elle aime beaucoup le gâteau. Emma dit alors: «C'est la vraie surprise de Fabien!»

18 1. Le Magret, La Bohème – 2. Le Don Quichotte – 3. Montag – 4. Sonntagabend – 5. auf der Terrasse – 6. La Bohème, Le Canard sur le Toit

Übersetzung des Textes:

Le Don Quichotte: Zwanzig Minuten von Toulouse gelegen, empfängt Sie das Restaurant Don Quichotte im Sommer auf einer schattigen Terrasse, im Winter am Kamin und bietet Ihnen traditionelle, aber auch kreative regionale Küche. Öffnungszeiten: täglich von 12 bis 13.30 Uhr und von 19.30 bis 22 Uhr.

Le Magret: Im ersten Stock des Marktes Victor Hugo gelegen. Dienstag bis Sonntag am Mittag geöffnet.

La Bohème: Unser Koch ist Spezialist für Cassoulet mit Entenkeule, Entenbrust mit Pilzen und halbgare Gänseleber und bereitet auch Zanderfilet und Rinderfilet vorzüglich zu. Samstagmittag und Sonntag geschlossen.

Le Canard sur le Toit: Bunte Platte mit regionalen Spezialitäten – Küche der Gascogne – Spezialitäten des Südwestens (Entenbrust und Entenleber – Qualitätsweine) Bankette – Seminare – Versammlungsräume – Hochzeiten – Taufen. Sonntagabend geschlossen.

LEKTION 6

1 Elle dit qu'elle veut – Elle dit qu'il peut – Elle dit qu'elle doit – Elle dit qu'ils vont – Elle dit qu'elles sont – Elle dit qu'ils ont

2 Elle dit que ces tomates sont délicieuses. – Elle dit qu'elle en prend deux kilos. – Il dit qu'ils veulent faire un canard à l'orange. – Il dit que c'est pour l'anniversaire de leur mère.

3 Fabien demande à Emma si elle aime le rugby. Il lui demande quand elle veut aller au cinéma avec lui, vendredi ou samedi. Il veut savoir pourquoi elle n'a pas appelé hier soir. Emma demande à Fabien où il a été lundi. Elle lui demande comment son nouveau copain s'appelle. Elle veut savoir s'il l'aime toujours.

4 Cécile demande à Fabien pourquoi Emma n'est pas là. Fabien dit qu'elle a mal à la tête. Il ajoute qu'il mal à la tête aussi. Il explique qu'il a reçu un ballon de rugby sur la tête. Cécile veut savoir s'il peut venir à Odyssud avec elle. Il répond qu'ils doivent travailler pour un contrôle de maths.

5 Téléphone-moi. – Écrivez-leur. – Invite-les. – Ne le préparez pas. – Ne m'oublie pas. – Ne la regardez pas.

6 nous croyons, tu crois; je crois, ils croient; vous croyez, il croit

7
je crois	je bois	je vois
nous croyons	nous buvons	nous voyons
ils croient	ils boivent	ils voient
j'ai cru	j'ai bu	j'ai vu
nous avons cru	nous avons bu	nous avons vu
elles ont cru	elles ont bu	elles ont vu

8 annoncer – ankündigen; crier – schreien; croire – glauben; demander – fragen; dire – sagen; écrire – schreiben; expliquer – erklären; penser – denken; raconter – erzählen; répéter – wiederholen; répondre – antworten; trouver – finden

9 Je suis d'avis que c'est trop cher. – Moi, je suis d'accord. – Je crois que nos parents peuvent nous aider. – Je suis contre. Je n'aime pas demander aux parents. Et puis, à mon avis, il n'y a plus de places. … – Ah non. C'est nul! … – Ça, c'est génial. …

LÖSUNGEN 6

10 l'année dernière – hier – aujourd'hui – d'abord – puis – ensuite – après – enfin

11 appeler – anrufen; envoyer – schicken; un message – eine Mitteilung/Nachricht; un ordinateur – ein Computer; un portable – ein Handy; un téléphone – ein Telefon; la télévision – das Fernsehen

12
1. En France, la fête de la musique, c'est toujours le 20 mai. – falsch
2. Fabien et Nicolas ont rendez-vous avec des copines sur la place du Capitole. – richtig
3. Les parents de Fabien veulent venir aussi. – richtig
4. Alors, Fabien et Nicolas sont très contents. – falsch
5. Devant le Capitole, une chaîne de télévision a installé une scène. – richtig
6. Il y a des grands écrans pour présenter des vieux chanteurs. – falsch
7. A 16 heures, trois cents personnes sont là pour écouter la musique. – falsch
8. Fabien et Nicolas n'aiment pas cette musique de supermarché. – richtig

13 Tu as vu l'heure? Qu'est-ce qu'elles font, les filles? Elles sont toujours en retard! – Surtout ta sœur. Mais je l'aime bien, tu sais. – Ah bon? C'est intéressant. – Ouf! Enfin un nouveau groupe sur la scène! – Mais regarde la fille. C'est Cécile. Qu'est-ce qu'elle fait là? – Elle chante. Tu vas voir, elle chante bien. – Oui, oui, je sais. Elle chante toujours dans la salle de bains, et moi, j'attends devant la porte.

14 Aujourd'hui, c'est le grand jour pour Cécile. Elle va chanter sur scène pour «la star de demain». Elle attend derrière la scène. Sa copine Emma est là aussi. Emma dit: «Tu ne dois pas avoir peur. Tu vas bien chanter, comme toujours.» Puis, Cécile monte sur scène et elle commence à chanter. Deux milles personnes écoutent d'abord, et ils applaudissent ensuite. Elle a gagné. C'est elle, la star de demain. Fabien et Nicolas ont vu et entendu Cécile. Ils sont contents aussi. Mais ils ne savent pas comment la trouver dans la foule.

6 LÖSUNGEN

15 Mindestalter: 17 Jahre
Höchstalter: keins
Dauer der Teilnahmeverpflichtung in Monaten: vier
Telefonnummer für Anmeldung: 0 890 714 730
Gebühr für telefonische Anmeldung (pro Min.): 0,15 €
Zum Vorsingen mitzubringende Dokumente: Ausweis, Foto
Anzahl der vorzutragenden Lieder: zwei

Übersetzung des Textes:

Sie sind älter als siebzehn Jahre? Sie sind musikbegeistert, Sie wollen ein Star werden, Sie wollen singen und tanzen? Nehmen Sie doch Ihr Schicksal selbst in die Hand, indem Sie am Casting der fünften Staffel der Star Academy teilnehmen! Achtung! In diesem Jahr gibt es keine Altersgrenze mehr: Kommen Sie auf uns zu, wenn Sie 17 oder älter sind!

Wenn Sie Gesangstalent haben, wenn Sie nicht unter Plattenvertrag stehen und wenn Sie sich vier Monate lang bis zum Ende des Kalenderjahres frei machen können, kommen Sie in der Ihnen am nächsten liegenden Stadt zu uns und nehmen Sie an dem Vorsingen für die nächste Staffel der Star Academy teil. Verpassen Sie das Ereignis nicht und melden Sie sich sofort an unter 0 890 714 730 (0,15 Euro/Minute).

Zum Vorsingen bringen Sie bitte mit:
– einen Ausweis
– ein neueres Foto
– Bereiten Sie zwei Lieder eigener Wahl a cappella vor, die Sie vor der Jury singen.

16 1. falsch
2. richtig
3. falsch
4. richtig
5. richtig
6. falsch
7. richtig

LÖSUNGEN 6

Übersetzung des Textes:

Vanessa Paradis wurde am 22. Dezember 1972 in Paris geboren und verlebte eine glückliche Kindheit mit ihrem Vater, dem Vorstandsvorsitzenden einer Spiegelfabrik, und ihrer Mutter, Direktorin desselben Unternehmens. Vanessa ist ein fröhliches Kind, das gern singt und tanzt. Ihr Onkel, der Schauspieler Didier Pain, bemerkt die hübsche Stimmanlage des kleinen Mädchens und schlägt ihren Eltern vor, ihr einen Gesangsauftritt in der berühmten Sendung „Die Schule der Fans" von Jacques Martin zu verschaffen, einer Sendung, in der kleine Kinder die Lieder der bekanntesten französischen Künstler interpretieren.

Am 3. Mai 1980 tritt Vanessa also in der Sendung auf und entscheidet sich dafür, „Emilie Jolie" von Philippe Chantel zu singen. Ihre Eltern möchten aber nicht, dass ihr Kind ein Kinderstar wird, und Vanessa kehrt zurück in ihr ruhiges Familienleben in ihrem Haus am Rande der Marne. Allerdings nimmt sie im folgenden Jahr in Turin am Eurovisions-Wettbewerb für Kinder teil, aber ohne Erfolg.

1985 nimmt Didier Pain mit Vanessa eine Single auf, „Der Zauber der Überraschungspartys", die dann aber nie in den Handel kommt. Zur gleichen Zeit nimmt Didier Pain seine Nichte in ein Pariser Studio mit, wo die Komponisten Etienne Roda-Gil und Franck Langolff gerade die Plattenaufnahme der Schauspielerin Sophie Marceau vorbereiten. Im Verlauf des Gesprächs nimmt die Idee Gestalt an, für Vanessa ein Lied zu schreiben. So kommt es dazu, dass Roda-Gil, der Stammkomponist von Julien Clerc, und Langolff, der viel für Renaud geschrieben hat, gemeinsam einen der wichtigsten Titel des französischen Chanson der 80er Jahre komponieren, nämlich „Joe das Taxi".

Die Single kommt am 27. April 1987 auf den Markt und wird sehr schnell ein Hit. Am 1. August ist der Titel die Nummer 1 in den Top 50, der führenden Hitliste Frankreichs. Am Ende des Sommers sind schon eine Million Exemplare von „Joe das Taxi" verkauft worden.

Plattform 2 (Lektion 4 – 6)

1 Unbest. Artikel: un verre – une assiette – une bouteille – des boissons
Teilungsartikel: du jus – de l'eau – de la crème chantilly
Bestimmter Artikel: le jus – le verre – l'assiette – l'eau – la bouteille – la crème chantilly – les boissons

2 On va à la fête?
D'accord. On apporte des boissons?
Comment? Il faut de l'argent.
Alors, on prépare des jeux?
Il faut du temps pour ça – et je n'en ai pas.

3 applaudieren – applaudir; beenden – finir; vorziehen/lieber mögen – préférer; gelingen – réussir; glauben – croire; lachen – rire; nachdenken/überlegen – réfléchir; (an)rufen – appeler; wählen – choisir; wiederholen – répéter

4 j'applaudis – nous applaudissons; je choisis – nous choisissons; je crois – nous croyons; je préfère – nous préférons; je réfléchis – nous réfléchissons

5 nous avons applaudi – elle a choisi – vous avez cru – tu as préféré – ils ont réfléchi

6 Fabien pense souvent à Emma, même quand il est en train de jouer au rugby. Il a très envie de sortir avec elle. Il demande à Emma quand elle a du temps. Mais elle commence à réfléchir. Elle a peur d'avoir des problèmes à l'école. Elle veut aussi continuer à voir tous ses copains. Elle parle de Fabien à sa copine.

7 après – nach; avant – vor (zeitlich); avec – mit; chez – bei; contre – gegen; dans – in; depuis – seit; derrière – hinter; devant – vor (örtlich); en – in/mit; jusque – bis; pendant – während; pour – für; sans – ohne; sauf – außer; sous – unter; sur – über/auf

LÖSUNGEN Plattform 2

8 Collège/Schule: une cantine – eine Kantine; un CDI – eine Mediathek; une cour – ein (Schul)Hof; un gymnase – eine Turnhalle; une salle de classe – ein Klassenzimmer; une salle de permanence – ein Aufenthaltsraum

Maison/Haus: une cave – ein Keller; une chambre – ein Schlafzimmer; une cuisine – eine Küche; un jardin – ein Garten; une pièce – ein Zimmer; une salle de bains – ein Badezimmer; une salle à manger – ein Esszimmer; les W.-C. – die Toilette

Ville/Stadt: une bibliothèque – eine Bibliothek; un cinéma – ein Kino; une gare – ein Bahnhof; un magasin – ein Geschäft/Laden; un marché – ein Markt; une place – ein Platz; une rue – eine Straße; un square – eine (kleine) Grünanlage; un supermarché – ein Supermarkt

9 la salle de permanence – le marché – la chambre – la cour – la gare – la salle à manger

10 M. Carbonne sait réparer des Airbus. – Cécile sait chanter. – Christian Beckmann sait parler français et allemand. – Mme Bertaud sait expliquer la grammaire allemande. – Emma sait jouer du piano. – Fabien sait jouer au rugby. – Valentin sait utiliser un ordinateur.

11 Fabien ne sait pas chanter. – M. Carbonne ne sait pas parler allemand. – Des souris ne savent pas lire et écrire.

12 mais – aber; quand – als; comme – da; que – dass; car – denn; ou – oder; et – und; parce que – weil

13 Quand le bus arrive, les élèves sont contents. Ils montent vite dans le bus, parce que/car les cours commencent dans un quart d'heure. En été, Emma prend souvent le vélo ou les rollers pour aller au collège. Elle trouve que c'est bon pour sa forme. Comme il pleut aujourd'hui, Emma a préféré prendre le bus. Sa copine Cécile est déjà dans le bus, mais elle dort encore.

Plattform 2 — LÖSUNGEN

14

Berlin, le 15 juin 2008

Objet: (des) hôtels à Toulouse

Mesdames, messieurs,

Nous allons passer un jour ou deux à Toulouse en juillet.
Nous cherchons un hôtel en ville.
Nous sommes trois personnes et nous pouvons payer jusqu'à 80 euros pour la chambre.
Est-ce que vous pouvez nous envoyer une liste des hôtels?
Merci à l'avance pour votre réponse.

Meilleurs sentiments / Salutations cordiales

15 Emma adore le cinéma. Tous les week-ends, elle va au cinéma avec ses copains et ses copines. Son actrice préférée s'appelle Audrey Tautou. Mais le métier d'actrice ne l'intéresse pas. Elle préfère être derrière la caméra. Comme Marco est malade, on demande à Emma de tourner le film sur Cécile. C'est génial. Quand la classe regarde le film, tout le monde rit et applaudit. Emma est contente. Elle a trouvé son métier de rêve.

16 Magalie Chapuis fête son anniversaire. Elle a 40 ans aujourd'hui. Ses enfants lui ont préparé un repas d'anniversaire. Mme Chapuis n'a rien à faire. Elle peut faire du vélo avec son père, et ses enfants et son mari mettent la table dans le jardin. Quand elle arrive, tout est prêt. Sur le gâteau, il y a trente bougies. C'est faux, mais sympa. Et le gâteau vient de Fabien? C'est vrai?

17 Le matin, j'ai regardé dans la cuisine: rien à manger! –
Je suis partie faire les courses au marché: des légumes, des fruits. –
Puis, j'ai passé une heure dans la cuisine et j'ai préparé le repas. –
C'est bon, le canard à l'orange! Est-ce que mes copains vont l'aimer? –
Non, les copains n'ont pas aimé. J'ai mis trop de sel! –
Là, je suis au lit, malade. Ce n'est pas facile, la cuisine!

LEKTION 7

1 Qui est-ce qui joue bien au rugby? – Qu'est-ce qui t'intéresse comme sport? – Qu'est-ce que tu fais ce soir? – Qui est-ce que tu aimes comme prof?

2 Qu'est-ce qui te plaît comme musique? – Qui est-ce que tu invites à ta fête? – Qu'est-ce que tu prépares? – Qui est-ce qui va faire le gâteau?

3 Qu'est-ce que tu chantes? – Qui est-ce qui va gagner le premier prix? – Qui est-ce que tu vois dans la foule? – Qu'est-ce qui te plaît comme chanson?

4 Toi, tu sais qui va jouer dans le film? – Non. Mais ce n'est pas moi. Fabien, peut-être. – Lui, il ne peut pas. Il a un match de rugby. – Je n'aime pas les joueurs de rugby. – Avec eux, on ne peut jamais rien faire.

5 Non, c'est Valentin qui ne trouve pas de copain. – Non, c'est samedi que Cécile va chanter. – Non, c'est à la pâtisserie qu'il a acheté le gâteau. – Non, c'est trop de sel qu'il a mis dans son gâteau. – Non, mais c'est le Tour de France qui l'intéresse.

6 C'est moi qui suis malade. – Mais c'est toi qui appelles le médecin. C'est nous qui faisons le travail. – Mais c'est vous qui recevez le prix.

7 il conduit, vous conduisez; elles conduisent, conduis; nous conduisons, je conduis

8 appeler: j'appelle – nous appelons; conduire: je conduis – nous conduisons; connaître: je connais – nous connaissons; construire: je construis – nous construisons; croire: je crois – nous croyons; finir: je finis – nous finissons; préférer: je préfère – nous préférons; rire: je ris – nous rions

9 tu te caches – vous vous éloignez – ils se trouvent – je m'amuse – elle se demande – nous nous disputons

10 Nous ne nous disputons pas tous les jours. – Elle ne se cache pas derrière ses parents. – Je ne me trouve pas devant le cinéma. – Vous ne vous éloignez pas de vos amis. – Ils ne se promènent pas en ville. – Tu ne te lèves pas tard le matin.

7 LÖSUNGEN

11 Cécile s'est cachée. – Ses copines se sont promenées. – Nicolas et Fabien se sont disputés. – M. et Mme Chapuis se sont amusés. – La journée s'est bien passée.

12 un arbre – ein Baum; la campagne – das Land (im Gegensatz zur Stadt); un chemin – ein Weg; une feuille – ein Blatt; une forêt – ein Wald; un jardin – ein Garten; la mer – das Meer; une montagne – ein Berg/Gebirge; la nature – die Natur; un parc – ein Park; une région – eine Region; un terrain de camping – ein Campingplatz; la terre – die Erde; un village – ein Dorf

13 coq – chat – ours – chien – poule – vache – animal – canard – oiseau – souris – poisson – araignée

14 Le cadeau de Victor et de sa famille pour la grand-mère à Rombly, c'est un oiseau. – Filou est le chat de Mme Salomon. – Pour le repas d'anniversaire de Magalie Chapuis, il y a du canard à l'orange. – Zoé Bajot pleure parce qu'elle a peur des ours. – Manon aime regarder les poissons à l'aquarium.

15 la météo – die Wettervorhersage; la pluie – der Regen; le temps – das Wetter; le vent – der Wind; le tonnerre – ein Donner; un orage – ein Gewitter; un éclair – ein Blitz
il fait beau – es ist schönes Wetter; il y a du soleil – es ist sonnig; il fait chaud – es ist warm/heiß; il fait froid – es ist kalt; il pleut – es regnet

16 Aujourd'hui, il y a du soleil. – Il ne pleut pas. – Mais il y a du vent. – Je trouve qu'il fait beau. – Mais pour demain, la météo annonce de la pluie.

17
1. Les Bajot veulent passer un long week-end de juin dans les Pyrénées. – richtig
2. M. Bajot téléphone à M. Carbonne pour avoir des informations sur Toulouse. – falsch
3. Quand les Bajot et les Carbonne partent à la montagne, Fabien Chapuis est là, aussi. – richtig
4. Fabien est très content et rigole avec les autres. – falsch
5. Sur le chemin, ils voient les traces d'un oiseau. – falsch
6. M. Carbonne fait le guide pour le groupe. – richtig
7. Il fait chaud et Zoé est fatiguée. – richtig
8. A la fin, ils voient des ours dans les arbres. – falsch

LÖSUNGEN 7

18 Emma et Fabien se disputent. [Emma:] Tu dois mettre ton casque. [Fabien:] Je n'ai pas envie. [Emma:] Tu es bête. Tu vas voir quand tu vas tomber. [Fabien:] Moi, je ne tombe jamais. Je suis Tarzan. [Emma:] Bof! Moi, je suis Jane, et je mets mon casque. Regarde Victor, il le fait aussi! [Fabien:] Ton Victor, je ne veux plus le voir! Comme toi! Au revoir!

19 Tout à coup, des gros nuages noirs arrivent. Les Bajot et les Carbonne ne veulent plus rester au parc «Chloro'fil». Mais où est Fabien? Il a quitté le groupe parce qu'il est jaloux de Victor. Les hommes cherchent le garçon, mais d'abord, ils ne le trouvent pas. Puis, M. Bajot le voit sous un arbre. Fabien a mal à la jambe parce qu'il est tombé dans un trou. Il ne peut plus bouger et il crie au secours. Alors, M. Carbonne appelle une ambulance qui arrive dix minutes après. A l'hôpital, le médecin découvre que Fabien a la jambe cassée. Il lui met un plâtre et lui donne des béquilles. Le rugby, ce n'est pas pour demain.

20 1. Mehr als 10 km – 2. sechs – 3. März 1967 – 4. Aquitaine, Midi-Pyrénées 5. Arudy – 6. 20 bis 50 km

Übersetzung:

Pyrenäen-Nationalpark
Bei einer Ost-West-Ausbreitung von über 10 Kilometern bietet der Pyrenäen-Nationalpark eine ideale Zusammenfassung der besonderen Reichtümer der Pyrenäen. Man findet dort 6000 Gämsen, 6 Bären, 12 Bartgeierpärchen usw.

Der Pyrenäen-Nationalpark wurde als dritter französischer Nationalpark im März 1967 gegründet. Er liegt im Hochland und grenzt mit seinen 45 700 ha auf beinahe 100 Kilometern an Spanien sowie an die 15 608 ha des Ordesa-Mont-Perdu-Nationalparks (1918 geschaffen und 1982 vergrößert) und an die beinahe 100 000 ha spanischen Jagdreservats.

Der Nationalpark liegt zu einem Drittel in der Region Aquitaine, wo er fast die Gesamtheit der Béarntäler von Aspe und Ossau umfasst, und zu zwei Dritteln in der Region Midi-Pyrénées, wo er das gesamte Gaves-Tal (die Täler von Azun, Cauterets und Luz-Barèges) und den oberen Teil des linken Ufers des Aure-Tales umfasst, wobei der obere Teil des Tales von Campan zur Randzone gehört.

Argelès-Gazost und Arud, die beiden Orte der Täler von Béarn und Bigorre, gehören zur Fläche des Parks, während die Ballungsgebiete (Pau, Tarbes, Oloron, Bagnères-de-Bigorre) 20 bis 50 Kilometer und die beiden Regionalzentren Toulouse und Bordeaux weniger als zwei Autostunden vom Park entfernt liegen.

7

LÖSUNGEN

21
1. richtig
2. falsch
3. richtig
4. richtig
5. falsch
6. richtig
7. falsch

Übersetzung:

Laufende Debatten

Freundschaft zwischen Mädchen und Jungen: möglich oder unmöglich?

Hallo, Leute, ich bin ein Mädchen und ich verstehe mich überhaupt nicht mit den anderen Mädchen meines Alters. Ich schminke mich nicht gern, mache mich nicht gern schön. Die Jungen sind einfach; die verbringen nicht jeden Morgen zwei Stunden vor dem Spiegel (abgesehen von Ausnahmen, die die Regel bestätigen). Alle meine Freunde sind Jungen und ich bin stolz darauf. Das hält mich nicht davon ab, mich zu verlieben … im Gegensatz zu bestimmten Ansichten. Aber das tut weh, wenn ein guter Freund betroffen ist, vor allem wenn dieser nichts anderes als Freundschaft will.
Marine, 13

Ich sage, dass das überhaupt nicht unmöglich ist, es ist sogar rational! Übrigens war meine beste Freundin ein Mädchen, aber ich habe mich vor nicht allzu langer Zeit in sie verliebt und sie hat mich völlig zurückgewiesen! Was ich damit sagen will ist, dass man sich früher oder später darauf einstellen muss, dass man sich angezogen fühlt (Liebe oder sogar bis zum Sex), und dass eine solche Freundschaft nie ewig dauert.
Le Bigboss, 13, Ile de la Réunion

Die Freundschaft zwischen Mädchen und Jungen ist unmöglich!! Ich habe sie erlebt und ich kann euch sagen, dass sie schnell eine andere Wendung nimmt, trotz der getroffenen Vorsichtsmaßnahmen. Ich bin 4 Jahre lang mit einem Jungen zusammen geblieben und nach vier Jahren ist daraus schnell Liebe geworden und jetzt sind wir seit 9 Monaten zusammen. Nach einer gewissen Zeit verliebt sich der eine zwangsläufig in den anderen. Küsschen an alle und viel Erfolg beim Grübeln!!!!
Alexandra, aus Martinique

LEKTION 8

1 Toulouse est plus petit que Paris. – Fabien est meilleur en rugby que sa sœur. – Cécile est meilleure en musique que son frère. – Fabien est moins drôle que Victor. – Magalie Chapuis est aussi sportive que son mari.

2 Manon est plus jeune que Valentin. – Fabien est aussi jeune qu'Emma. – Les chanteurs de Zen Zila sont moins jeunes que Cécile et Emma. – Notre ville est plus belle que votre ville. – Ma robe est moins jolie que ta robe. – Tes copains sont aussi sportifs que mes copains.

3 Mme Chapuis: «Le rugby est le sport le plus dangereux.»
Nicolas: «Cécile est la fille la plus jolie de ma classe.»
Fabien: «Victor est le copain le moins sympa d'Emma.»
M. Philibert: «Zen Zila est le groupe le plus intéressant de l'année.»

4 les livres les plus importants – le problème le plus difficile – la question la plus folle – la fête la plus grande / la plus grande fête – le cadeau le plus beau / le plus beau cadeau

5 nous appelons – j'appelais; nous conduisons – je conduisais;
nous croyons – je croyais; nous finissons – je finissais;
nous répétons – je répétais; nous sortons – je sortais

6 tu voyais – elles construisaient – vous buviez – elle faisait – j'allais – nous partions – il réfléchissait – ils dormaient

7 regarder: je regarde – j'ai regardé – je regardais – je vais regarder
avoir: j'ai – j'ai eu – j'avais – je vais avoir

8 vivre – leben; vouloir – wollen; voir – sehen; venir – kommen;
vendre – verkaufen; voler – stehlen

9 Au parc Chloro'fil, Fabien était en colère. – Emma s'amusait trop avec Victor. – Alors, Fabien a quitté le groupe et il a commencé à courir. – Tout à coup, il est tombé dans un trou. – Puis, sa jambe lui a fait mal. – Pendant tout ce temps, ses amis se demandaient où il était.

8 LÖSUNGEN

10
arriver	– ankommen	↔	partir	– weggehen
cacher	– verstecken	↔	montrer	– zeigen
commencer	– anfangen	↔	finir	– beenden
demander	– fragen	↔	répondre	– antworten
devenir	– werden	↔	rester	– bleiben
donner	– geben	↔	prendre	– nehmen
écrire	– schreiben	↔	lire	– lesen
envoyer	– schicken	↔	recevoir	– empfangen
fermer	– schließen	↔	ouvrir	– öffnen
raconter	– erzählen	↔	écouter	– zuhören

11 Il lui a envoyé une lettre. – Elle la reçoit aujourd'hui. – Elle a ouvert la porte. Mais elle ne la ferme pas. – Tu as caché le cadeau. – Pourquoi est-ce que tu ne le montres pas?

12 la tête – der Kopf; un cheveu / des cheveux – ein Haar / Haare; un œil / des yeux – ein Auge / Augen; la gorge – die Kehle; un bras – ein Arm; le dos – der Rücken; le ventre – der Bauch; une jambe – ein Bein; un pied – ein Fuß

13 beau – schön; grand – groß; gros – dick; joli – hübsch; mignon – niedlich; mince – dünn; petit – klein; sportif – sportlich

14 les jolies filles – des copains/amis sportifs – une sœur mignonne – mes petits frères – deux grands chanteurs – la belle femme – le gros garçon

15 amoureux – bête – bizarre – curieux – difficile – drôle – fou – heureux – jaloux – triste – timide

16 les copines/amies jalouses – des parents tristes – un professeur bizarre – des voisines curieuses – une actrice folle – trois garçons timides

17
1. Cécile et Emma sont des fans du groupe Zen Zila depuis deux ans. – falsch
2. Un jeune homme colle des affiches du groupe sur le mur en face du collège. – richtig
3. Sur l'affiche, on voit surtout un homme et une femme. – falsch
4. Le professeur de français s'intéresse aussi aux chansons de Zen Zila. – richtig

5. Mme Carbonne veut aller au concert avec sa fille. – falsch
6. Mme Carbonne avait aussi 13 ans à son premier concert. – falsch
7. Cécile et Emma font un exposé sur Zen Zila en cours de français. – richtig
8. Leurs camarades connaissent déjà très bien le groupe et ne posent pas de questions. – falsch

18 M. Philibert et Emma discutent après le cours de français.
[M. Philibert:] Quand j'étais jeune, j'aimais surtout les chansons de Serge Gainsbourg. [Emma:] Qu'est-ce que vous pensez de Zen Zila? [M. Philibert:] Leur musique ne me plaît pas trop. Mais les textes de leurs chansons sont très intéressants. [Emma:] Et puis, ils sont beaux. Mais on ne peut pas aller les voir. [M. Philibert:] Pourquoi? [Emma:] Nos parents sont contre. Ils trouvent qu'on est trop jeunes. [M. Philibert:] Je peux les comprendre. Mais j'ai peut-être la solution …

19 M. Philibert a invité Zen Zila au collège. Wahid et Laurent ont dit d'accord tout de suite. M. Philibert est content, et ses élèves sont plus contents encore. Emma pose des questions à Wahid et Laurent pour son article pour le journal du collège. Les deux viennent de Lyon, et ils se connaissent depuis vingt ans. Mais leurs parents sont d'Algérie. Le nom du groupe, c'est le mot arabe pour un tremblement de terre. Leurs chansons disent souvent qu'il ne faut pas oublier d'où on vient.

20 1. Frankreich – 2. Algerien – 3. Neun Jahre – 4. Erster – 5. Ja – 6. Dass er kein Araber ist

Übersetzung:

Das „gone" – ein regionaler Ausdruck für „Kind" – das ist Azouz Begag, von algerischen Eltern in Frankreich geboren. Die Chaâba, das ist die kleine Wellblechsiedlung in der Vorstadt von Lyon, wo er seine Kindheit verbracht hat. In dieser Siedlung aus Blech und Holz leben Familien aus dem Dorf El-Ouricia in Algerien. Wir sind im Jahre 1965, Azouz ist neun Jahre alt und hat beschlossen, der Klassenbeste zu sein. Es gelingt ihm, zur Zufriedenheit seines Vaters und zum großen Missfallen mancher seiner Freunde, die seine muslimische Identität in Zweifel ziehen: „Du bist kein Araber. Wenn du einer wärst, wärst du Letzter in der Klasse, wie wir." Was ihn aber nicht davon abhält, sich den Spielen der Kinder der Chaâba anzuschließen, das Durchsuchen der Müll-Laster eingeschlossen.

21
1. richtig
2. falsch
3. falsch
4. richtig
5. falsch
6. richtig
7. falsch

Übersetzung:

„Los!" drängt uns der Lehrer, „setzt euch schnell! Ich werde euch zuerst die Aufsätze zurückgeben und die Rangfolge sagen, dann werden wir die Erdkundelektion vom letzten Mal beenden."
Während ein Wind der Furcht durch die Stuhlreihen weht, setzt sich M. Grand hinter den Stapel Klassenarbeiten, die er auf sein Pult gelegt hat, gleich neben die Mitteilungshefte, die unsere Eltern werden unterschreiben müssen. Heftige Gefühle beginnen sich in meinem Bauch bemerkbar zu machen. Ich denke an den Augenblick, wenn M. Grand sagen wird: „Soundso, Erster; soundso, Zweiter." Vielleicht wird er erst die Rangfolge sagen, dann den Namen des Auserwählten?
Erster: Azouz Begag? Nein. Das war bloß ein Beispiel. Jeder weiß, dass Laville das Rennen machen wird. Gut, fassen wir zusammen. Er wird ansagen: „Erster: Laville." Und danach? Zweiter: ? Wie alle, die hoffen, starre ich auf die Lippen des Lehrers um zu sehen, wie mein Name aus ihnen entweicht, bevor er unsere Ohren erreicht. Wenn ich es nicht bin, der Zweite, wird man die Fortsetzung abwarten müssen. Ich denke lieber nicht an die Schrecken dieser Qual.
Einige Schüler lassen Zeichen der Ungeduld erkennen. Der Lehrer steht auf, geht vor bis in die Mitte des Mittelgangs, die Hefte in der Hand, und verkündet das Urteil:
– Erster ...
Die Klasse erstarrt.
– Erster: Ahmed Moussaoui.
Verblüffung. Entsetzen. Ungerechtigkeit. Der Lärm und die Gegenstände erstarren plötzlich im Klassenraum. Niemand blickt den Betroffenen an.
Er, Moussaoui, Klassenbester! Das ist unmöglich. Er wird noch nicht einmal wissen, was eins und eins ist. Er kann nicht lesen, nicht schreiben. Aber wie hat er das machen können? ...

Plattform 3 (Lektion 7–8)

1
Präsens:	je montre	je pars
	nous montrons	nous partons
	ils/elles montrent	ils/elles partent
Passé composé:	j'ai montré	je suis parti(e)
	nous avons montré	nous sommes parti(e)s
	ils/elles ont montré	ils sont partis
Imparfait:	je montrais	je partais
	nous montrions	nous partions
	ils/elles montraient	ils/elles partaient
Futur composé:	je vais montrer	je vais partir
	nous allons montrer	nous allons partir
	ils/elles vont montrer	ils/elles vont partir

2 je vais – il a – nous construisons – vous croyez – je suis – ils font – elles prennent – tu te promènes – vous réfléchissez – elle vient

3 Passé composé mit *avoir*: avoir, courir, être, faire, montrer, voir
Passé composé mit *être*: se lever, monter, partir, tomber

4 j'ai éu – tu as couru – on a été – elle a fait – il s'est levé – nous sommes monté(e)s – vous avez montré – ils sont partis – elles sont tombées – j'ai vu

5 boire / buv-; dire / dis-; dormir / dorm-; écrire / écriv-; finir / finiss-; pouvoir / pouv-; rire / ri-; voir / voy-

6 je buvais – tu disais – elle dormait – il écrivait – nous finissions – vous pouviez – ils riaient – elles voyaient

7 Fabien et ses copains s'amusent bien au rugby. – Alors, il veut tous les inviter à son anniversaire. – Il aime bien faire la fête avec eux. – Demain, il va leur téléphoner. – Il croit qu'ils vont tous venir.

8 Je t'écoute. Et je pense à toi. Tu le vois souvent – ton ami Victor. Tu lui parles de moi? Je me demande: (Est-ce qu') Il te plaît?

Plattform 3 LÖSUNGEN

9
– Quand est-ce que Fabien a rencontré Emma dans le bus? – Aujourd'hui.
– Qui (est-ce qui) a rencontré Emma dans le bus aujourd'hui? – Fabien.
– Qui est-ce que Fabien a rencontré dans le bus aujourd'hui? – Emma.
– Où est-ce que Fabien a rencontré Emma aujourd'hui? – Dans le bus.

10
Qui (est-ce qui) aime le groupe Zen Zila?
Qu'est-ce qui intéresse Emma?
Qui est-ce que M. Philibert invite?
Quand est-ce que Zen Zila vient au collège / à l'école?

11
J'ai envie – Ich habe Lust; J'ai mal à la tête – Ich habe Kopfschmerzen;
J'ai peur – Ich habe Angst; Je suis fatigué,e – Ich bin müde; Je suis
heureux,se – Ich bin glücklich; Je suis jaloux,se – Ich bin eifersüchtig

12
ein Tier – un animal – des animaux
ein Comic – une BD – des BD
ein Arm – un bras – des bras
ein Bus – un bus – des bus
ein Geschenk – un cadeau – des cadeaux
eine CD – un CD – des CD
ein Kohl – un chou – des choux
ein Kuchen – un gâteau – des gâteaux
Frau… – madame – mesdames
Herr… – monsieur – messieurs
ein Auge – un œil – des yeux
ein Preis – un prix – des prix
eine Maus – une souris – des souris
eine Tafel / Tabelle – un tableau – des tableaux
ein TGV – un TGV – des TGV

13
nature – température – voiture: Femininum
fromage – garage – village: Maskulinum
information – question – station: Femininum
appartement – argument – sentiment: Maskulinum
bus – dessert – lit: Maskulinum
bouteille – famille – fille: Femininum

LÖSUNGEN **Plattform 3**

14 dann – puis; dann / danach – ensuite; gestern – hier; heute – aujourd'hui; immer – toujours; jetzt – maintenant; morgen – demain; noch – encore; oft – souvent; plötzlich – tout à coup; schließlich / endlich – enfin; schon – déjà; sofort – tout de suite; spät – tard; vorhin / gleich – tout à l'heure; zuerst – d'abord

15 Quand les Bajot arrivent à Toulouse le 15 juin, les Carbonne sont très contents de les voir. Victor raconte les nouvelles des copains de Paris à Emma. Ils rigolent bien ensemble. Emma lui présente Fabien, son nouveau copain. Mais Fabien n'aime pas Victor. Alors, Emma a peur pour le week-end en montagne. Est-ce que cela va bien se passer entre les deux garçons?

16 Les familles Bajot et Carbonne et Fabien sont au parc «Chloro'fil». On peut y grimper comme Tarzan. Mais on doit mettre un casque. Fabien n'est pas d'accord. Il s'éloigne parce qu'il est jaloux. Emma s'amuse avec Victor. Elle oublie ses copains de Toulouse. Fabien traverse la forêt comme un fou. Il ne regarde pas le chemin. C'est dangereux: Tout à coup, il tombe dans un trou.

17
1. Cécile et moi, on découvre les affiches de Zen Zila. Ils ont l'air sympa.
2. On s'achète le CD. Leur musique nous plaît beaucoup.
3. Cécile et moi, on fait un exposé en cours de français. Les autres posent beaucoup de questions.
4. M. Philibert aime les textes de Zen Zila. Il invite le groupe au collège.
5. Zen Zila donne un concert au collège. Je fais une interview de Wahid et Laurent pour notre journal.
6. Le nom du groupe vient d'un mot arabe pour tremblement de terre. C'est le titre d'un livre d'Azouz Begag – l'oncle de Wahid.

Bildquellen

S. 31: Rue des Archives/TAL
S. 49: SEMVAT/Toulouse
S. 54/64/68/73/89/101/104/113/151/152.1: Marco Polo, Paris (B. Naudin / F. Bouillot)
S. 69: Sygma
S. 83: Visum, Hamburg
S. 116: Franken
S. 121: Pyrénées-photos.com (J. N. Herranz)
S. 136: Klett-Archiv, Stuttgart (Gilles Floret)
S. 139: Cinetext, Frankfurt
S. 152.2: Zen Zila

Textquelle

S. 138: Azouz Begag «Le gone du Chaâba», © Édition du Seuil, Paris 1986

Lernen, wie es Dir passt!

Warum immer nur mit dem Schulbuch lernen? Es gibt auch noch andere Möglichkeiten, z.B. CDs oder Software passend zum Schulbuch! Das sorgt für Abwechslung und bringt nicht nur etwas für die nächste Klassenarbeit.

Cahier d'activités mit Lernsoftware
Das Arbeitsheft mit dem Sprachtrainer Kommunikation auf beiliegender CD-ROM (für PC)

zu Band 2   3-12-522822-0   * 13,95 €

Schüler-Audio-CD
Texte, Lieder und Ausspracheübungen des Schülerbuchs, zusätzlich die Hörverstehens-Übungen des Cahier d'activités.

zu Band 2   3-12-523826-9   * 17,50 €

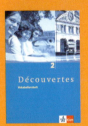

Vokabellernheft
Das Vokabular des Schülerbuchs im praktischen Taschenformat. Mit verschiedenen Aufgaben für jeden Lernertyp.

zu Band 2   3-12-523312-7   * 4,20 €

Grammatisches Beiheft
Grammatik ganz anschaulich. Zum Lernen, Nachschlagen und Wiederholen. Mit vielen Übungen zur Verständniskontrolle.

zu Band 2   3-12-523822-6   * 5,70 €

Klett Sprachtrainer Französisch
Mit dieser Lernsoftware lassen sich die Lektionen des Schülerbuchs interaktiv bearbeiten! Mit Grammatik-, Vokabel- und Kommunikationstrainer. (CD-ROM für PC)

zu Band 2   3-12-523712-2   * 39,95 €

Preise freibleibend. Stand 1.1.2006

Alle Titel sind im Buchhandel erhältlich.
Oder ganz einfach unter www.klett.de bestellen. Hier gibt es neben Produktinformationen und Software-Demos auch noch viel Wissenswertes rund um das Thema Lernhilfen und Lernsoftware.